Verleumdet und dann totgeschwiegen

Wo bleibt die Entschuldigung?

In diesem Buch sind die Inhalte von zwei TV-Sendungen wiedergegeben, zusammengestellt von Urchristen im Freien Geist – Gott in uns

Gabriele-Verlag
Das Wort

1. Auflage März 2022
© Gabriele-Verlag Das Wort GmbH
Max-Braun-Str. 2, 97828 Marktheidenfeld
Tel. 0049 (0)9391/504135, Fax 09391/504133
www.gabriele-verlag.com

Alle Rechte vorbehalten.

Druck: KlarDruck GmbH, Marktheidenfeld

ISBN 978-3-96446-272-5

Verleumdet und dann totgeschwiegen.
Wo bleibt die Entschuldigung?

Inhalt

Verleumdet und dann totgeschwiegen.
Wo bleibt die Entschuldigung?................................... 7

Das unheilvolle Wirken klerikaler
Netzwerke und ihrer Vasallen in Staat
und Gesellschaft 65

Die Verfolgung der Prophetin Gottes
und der Nachfolger des Jesus von Nazareth
Die Geschichte der Grausamkeit
von Kirche und Staat
Eine kurze Zusammenfassung des
gleichnamigen, über 600-seitigen Buches............ 116

Verleumdet und dann totgeschwiegen.
Wo bleibt die Entschuldigung?

Seit nahezu 50 Jahren offenbaren sich erneut der Ewige All-Eine Gott, der Schöpfergott allen Lebens, der Gott Abrahams, Isaaks und Jakobs, sowie Sein Sohn, der Christus Gottes, der Mitregent des Reiches Gottes, und der Cherub der Göttlichen Weisheit, der Gesetzesfürst der dritten Grundkraft vor Gottes Thron, durch Prophetenmund, mitten in die heutige Zeit hinein.

Seit nahezu 50 Jahren ist also der Himmel offen – das Reich Gottes neigt sich im Ewigen Wort den Menschen abermals zu, um sie zu rufen, sie aufzuklären und zu mahnen, aber auch davor zu warnen, was nach dem Gesetz von Ursache und Wirkung auf diese Welt und die Menschen zukommen wird, wenn die fortwährende weltweite Zerstörung aller Lebensräume von Menschen, Tieren und der Natur nicht aufhört.

Und genau das erleben wir im Augenblick: Diese Welt vergeht durch den von Menschen gemachten Klimakollaps, was bedeutet: Die

Menschheit betreibt ihren eigenen Untergang, und das schon in wenigen Jahrzehnten. Sie geht zugrunde an der eigenen Hybris, der Maßlosigkeit, der Gier, der zerstörerischen Sucht nach Macht, Reichtum und vergänglichem Ruhm im Einflussbereich von Priesterreligionen, Kirche und Staat. Ausbeutung und Unterdrückung, Eroberung und Diebstahl, Raub und Betrug, Gewalt, Mord und Krieg sind immer noch an der Tagesordnung.

Die infame Missachtung des Gottesgebotes „Du sollst nicht töten" durch Kirche und kirchengeneigten Staat öffnete die Schleusen für skrupellose Brutalität und dämonische Grausamkeit nicht nur gegenüber Menschen, sondern auch gegen die Natur und die Tierwelt, für milliardenfache Blut- und Schlachtorgien gegen das Leben aus Gott, zur Befriedigung der Fleischsucht von Priestergläubigen, allen voran von Mächtigen in Kirche und Staat.

Und das Volk? Es sucht, den Mächtigen und Reichen nachzueifern, fristet aber vielfach ein karges Dasein, oft in Gleichgültigkeit und Lethargie, so wie es schon vor Tausenden von Jahren unter dem Götzengott Baal und seinen Weisungsmächtigen war – solange der Leidensdruck es noch zulässt und der scheinbare Friede noch die Oberhand behält. Für den Fall der Fälle gibt es dann ja noch die staatliche Gewalt, Tränengas und Pfefferspray, alles im Rahmen der kirchlichen Werte und mit dem Segen derer, die eine von Priestermännern implantierte Kirchen-Dogmatik und Kirchen-Moral im längsten Etikettenschwindel der bekannten Menschheitsgeschichte als „christlich" verkaufen.

Wie lange noch kann dieser Etikettenschwindel der Wahrheit widerstehen? Wie lange noch werden die Mauern der „Hure Babylon" dem Gesetz von Ursache und Wirkung standhalten? Das ganze absurde Theater von Staat, Kirche und Volk hält vorerst noch weiter an, auch noch im Angesicht der nicht mehr zu leugnenden Klimakatastrophe und des sich abzeichnenden Massensterbens der Menschheit.

Was wäre die Alternative gewesen? Schon seit Jahrtausenden sind die Zehn Gebote Gottes im sogenannten Abendland bekannt und seit 2000 Jahren die Bergpredigt des Jesus, des Christus, in der ganzen sogenannten westlichen Hemisphäre; beides sind Auszüge aus dem ewigen Gesetz der Gottes- und Nächstenliebe.

Das wäre seit Tausenden von Jahren die Alternative gewesen. Und ganz besonders in unserer Zeit. Denn in unserer Zeit ist der durch Jesus, den Christus, angekündigte Tröster, der Geist der Wahrheit, der die Menschen in alle Wahrheit führt, im prophetischen Wort einer Gottesprophetin gekommen und hat, wie dargelegt, seit rund fünf Jahrzehnten aus dem Füllhorn der göttlichen Weisheit in Wort, Tat und Schrift Zeugnis gegeben für das Ewige Reich Gottes, in Tausenden von öffentlichen Offenbarungen, Lehrstunden und Schulungen; und Er hat in Seinem Wort der Gottes- und Nächstenliebe an Mensch, Natur und Tieren alles gelehrt und aufgezeigt, was der Menschheit –

besonders auch den mit Sünden beladenen grauen Eminenzen, den Mächtigen im Hintergrund und den offiziellen Führern der Völker – geholfen hätte, das Schlimmste abzuwenden, was unter dem Damoklesschwert „Klimakollaps" nun unaufhaltsam auf die Menschen und auf alle Lebewesen auf der Erde zukommt.

Warum ist das nicht geschehen? Weil das Wort Gottes, des Ewigen All-Einen, von baalistischen Priesterreligionen – egal, hinter welchem Namen sie sich versteckten – zu allen Zeiten verfälscht, verfolgt, rufermordet, unterdrückt und dann totgeschwiegen wurde.

Die Wortträger und ihre Nachfolger wurden zu Hunderttausenden verfolgt und „ausgemerzt", ein Wort, wie es bis heute unverändert immer noch im kirchlichen Dogma Verwendung findet. Und bis heute hat sich an der Verfolgungsmanie der jeweils herrschenden Priesterkulte gegen das lebendige Wort des redenden All-Einen Gottes und Seine Propheten nichts geändert.

Das kosmische Ereignis unvorstellbaren Ausmaßes für die heutige und zukünftige Menschheit, die erneute Handreichung des Ewigen Schöpfergottes, des dem Namen nach wohlbekannten Gottes Abrahams, Isaaks und Jakobs – also das erneute Wiederkommen des Wortes Gottes durch Prophetenmund, das Jesus von Nazareth vor 2000 Jahren angekündigt hatte, in dem Versprechen, den Geist der Wahrheit zu senden – wurde erst verleumdet und dann totgeschwiegen, in der gemeinsamen Tradition der Priesterkulte gegen das prophetische Wort Gottes, von vatikanischen Päpsten, Exzellenzen und Eminenzen mit lutherischen Bischöfen.

Früher hieß diese oft bis zum Mord gehende Verfolgung „Inquisition". Heute liegt diese Funktion der Verfolgung bis hin zum Rufmord bei den Priesterkulten in den Händen eigens dafür geschulter Priestermänner, die sich selbst darin als „Experten" betiteln lassen. Mit ihren Schmähgesängen untermalt von Schalmeienklängen bieten sie die Vorlagen, die dann von ihresgleichen in Staat und abhängigen Medien unters Volk gestreut werden.

Verleumdet und dann totgeschwiegen – damit die Menschen nichts erfahren von der Erweckung, Ausbildung und Aussendung des größten Gottespropheten seit Jesus von Nazareth, diesmal eine Frau des Volkes, vom Ewigen als Seine Prophetin und Botschafterin gesandt, um unter anderem die Menschheit die Gesetze Gottes zu lehren und vorzuleben und das Ewige Wort, so wie es von allen wahren Gottespropheten in einem mächtigen viertausendjährigen Zyklus offenbart wurde, unverfälscht in allen Facetten erneut zu bringen, bis hin zu den großen kosmischen Lehren des Jesus von Nazareth, dem absoluten Gesetz des Lebens, und um die geistige Wiederkunft des Christus Gottes, einst in Jesus von Nazareth, vorzubereiten – und nicht zuletzt, um die Menschheit und alles Leben auf der Erde vor dem verheerenden Klimakollaps zu retten.

Es geht um ein ähnlich geistig-kosmisches Ereignis wie das Kommen des Christus Gottes vor 2000 Jahren in Jesus von Nazareth. Jesus, der Christus, wurde von den Priestermännern Seiner Zeit verleumdet und auf ihr Betreiben hin von der Staatsmacht ermordet, um das Wort Gottes zum Schweigen zu bringen.

Die heutigen Priestermänner hängen sich für Unterdrückung und Rufmord ausgerechnet das Mäntelchen „christlich" um, obwohl sie ununterbrochen Krieg gegen das Wort Gottes und die Friedenslehre des Christus Gottes führten und führen und Seine Lehre der Bergpredigt und die Zehn Gebote Gottes mit Füßen treten.

Ihre jahrtausendelange Blutspur in der Geschichte beweist es nachhaltig. Es liegt auf der Hand: Wer Kriege führen will und führt, wie die sich christlich nennenden Machtkonstrukte Kirche und Staat, der kann unmöglich einen Friedefürsten gebrauchen. Nein, dieser gehört nach ihrem Credo hingemordet – was ja auch geschehen ist, als Jesus von Nazareth vor 2000 Jahren von der Staatsmacht auf Geheiß der damaligen Priesterkaste grausam gekreuzigt wurde. Und wer Waffen produziert und damit handelt, kann unmöglich für das Friedensreich Jesu Christi sein. Das Einzige, was die im Waffenhandel Verstrickten gebrauchen bzw. missbrauchen können, ist Sein unbescholtener Name, der über alles erhaben ist.

Welcher aufrechte Mensch, der für den auferstandenen lebendigen Christus ist, möchte einem institutionellen Glaubenskonzern angehören, der den Namen des Sohnes Gottes missbraucht? Könnte das nicht so aussehen, als ob er nicht *für* den auferstandenen lebendigen Christus wäre, sondern *gegen* Ihn?

„Wer nicht für Mich ist, ist gegen Mich", so die Worte des Christus Gottes, nachzulesen auch in jeder Bibel. Wo stehen da die Mächtigen dieser Welt? Wo stehen da die Parteien mit ihrem C im Namen? Wo stehen da Staat und Kirche? Und auch jeder von uns, der sich christlich nennt, muss sich fragen: Wo stehe ich?

Das größte kosmische Ereignis seit Jesus von Nazareth wird von den heutigen Talarträgern einfach unter ihren klerikalen, vom Blut der

Verbrechensopfer der Jahrtausende triefenden Teppich gekehrt und bis heute mit allen Mitteln totgeschwiegen und somit Milliarden nach der Wahrheit suchenden Seelen und Menschen vorenthalten.

Im Prophetischen Wort hat das Reich Gottes von Beginn an die Menschheit auch immer wieder ermahnt und vor den dramatischen Folgen gewarnt, wenn die Menschen nicht von ihrem Krieg gegen die Natur und die Mutter Erde ablassen, von der rücksichtslosen Ausbeutung und den Tötungsorgien gegen die Tier- und Pflanzenwelt. Doch Kirchenfunktionäre und ihre Artgenossen in Staat und Medien hatten für das Wort Gottes nur Hohn und Spott, Verleumdung und dann Totschweigen.

Jetzt macht die Klimakatastrophe offenbar, welch eine kosmische, übergroße Schuld sich die Seelen der dafür Verantwortlichen in Kirchen und Staat damit aufgeladen haben.

Doch wo bleibt das Eingeständnis der unermesslichen Schuld? Wo bleibt die Entschuldigung der dafür Verantwortlichen? Wo bleibt die Bitte um Vergebung? Wo bleibt die Entschuldigung bei den Propheten Gottes, bei den gerechten Männern und Frauen und auch bei den Wissenschaftlern, die rechtzeitig gewarnt haben? Wo bleibt die Entschuldigung bei den Völkern dieser Erde, vor allem bei den jüngeren Generationen, die aufgrund der Hybris der Elite-Versager unendliches Leid tragen werden?

Trotz jahrzehntelanger Warnungen des Gottesgeistes durch Prophetenmund, trotz jahrzehntelanger Warnungen durch die Wissenschaft wird diese Erde durch den Klimakollaps weitestgehend unbewohnbar werden, was milliardenfachen Tod, Elend und Verderben von Mensch, Natur und Tieren bedeutet – das große Massenaussterben steht also vor der Tür. Es geht um nichts weniger als um Abertausende von Arten, die aussterben werden, um die Lebensgrundlage von Pflanzen, Tieren und auch dem Großteil der Menschheit, die sich bis vor kurzem für unantastbar hielt.

Die Erde wird in großen Teilen zur Wüste werden durch Raubbau und maßlose Zerstörung der Umwelt und die erbarmungslose Brutalität gegenüber allem, was lebt, in, auf und über der Erde und in den Ozeanen und Flüssen, zugunsten einiger weniger Generationen von Dynastien weltweit und zur Mehrung des Reichtums der Superreichen in Kirche und Staat, Wirtschaft, Banken und Börsen, Adel und Gesellschaft, die sich selbst als Elite bezeichnen, was sich allerdings nicht auf Ethik und Moral beziehen kann, sonst würde diese Welt heute nicht im Klimakollaps untergehen.

Warum konnte die Politik nicht weltweit gegen das drohende Massenaussterben allen Lebens einschreiten und zumindest das Schlimmste von dem verhindern, was nun milliardenfachen Tod mit sich bringt?

Warum wurde das einfach mal so über Jahrzehnte gleichgültig in Kauf genommen oder sogar um des eigenen Vorteils willen bejaht, gerade auch von Politik und Kirchen mit ihren angeblich christlichen Werten? Man fragt sich:

Wozu gibt es eigentlich Verfassungen, Gesetze, Parlamente und Politiker, die alle dem Wohlergehen ihres Landes und der Menschen verpflichtet sein sollen? Oder herrscht dort ein Sumpf von Lobbyisten der Superreichen, Einflussreichen und Opferreichen mit ihren Opferleichen?

Und wäre es nicht recht und billig, wenn diejenigen, die unvorstellbare Vermögen durch die Ausbeutung der Mutter Erde und der Völker angehäuft haben, nun ihren oftmals sagenhaften Reichtum dafür einsetzen müssten, den Klimawandel abzumildern? Wie stellen diese Natur- und Menschenfeinde sich das jetzt vor – jetzt, da sich abzeichnet, dass es in absehbarer Zeit aus ist mit dieser Welt? Aus mit dieser Menschheit?

Es ist an der Zeit, Klartext zu sprechen, denn die Stunden fliehen vor den Menschen. Wohlgemerkt: Die Stunden fliehen vor den Menschen, denn die Zeit läuft ab. Das große Massensterben steht, wie gesagt, vor der Tür, auch wenn Worthülsenprediger in Staat und Kirchen immer noch Nebelkerzen zünden und ein Ablenkungsmanöver nach dem anderen mit der entsprechenden medialen Begleitmusik präsentieren. Tatsächlich ist bisher noch nichts, gar nichts geschehen, was die Menschheit hätte retten können, keinerlei Einsicht in die wahren Ursachen oder gar Umkehr; das Wort Gottes wird nach wie vor unterdrückt oder in den Wind geschlagen.

Die Menschheit hat die Weichen zur Selbstausrottung schon vor Jahrzehnten gestellt und fährt ungebremst weiter in den Abgrund. Das ist die bittere Realität, auch durch viele Klimawissenschaftler so dokumentiert. Das Klima reagiert mit Verzögerung. Was heute zum Beispiel an zerstörender Umweltbelastung in die Luft geblasen wird, kommt erst nach ca. 30 Jahren und mehr in der Atmosphäre zum Tragen. Im Jahr 2050 werden wir – oder vielmehr unsere Kinder und Kindeskinder – also das zusätzlich zu spüren bekommen, was wir heute verursacht haben. Eine ganz simple Wahrheit.

Für den Fall, dass Sie denken, wir übertreiben, möchten wir auf eine Meldung verweisen, die auf Zeit Online am 17.9.2021 veröffentlicht wurde. Dort heißt es: Die internationale Gemeinschaft droht, ihr Ziel zur Begrenzung der Erderwärmung deutlich zu verfehlen. UN-Generalsekretär Antonio Guterres sagte: Ein neuer Bericht *„zeigt, dass sich die Welt auf einem katastrophalen Weg in Richtung einer Erwärmung von 2,7 Grad Celsius befindet"*.

Der Bericht kommt außerdem zu dem Ergebnis, dass, ausgehend von den nationalen Zielen, die weltweiten Emissionen am Ende des Jahrzehnts – also 2030 – um 16 % höher liegen werden als im Jahr 2010. Somit scheint festzustehen, dass in wenigen Jahrzehnten die Eismassen komplett abschmelzen werden, dass die Permafrostböden auftauen und unvorstellbar große Mengen Methangas den Klimakollaps beschleunigen und ganz nebenbei die Weltmeere kollabieren. Die Erde wird zur Wüste werden. Außerdem fehlt nach einer Studie der UNO jährlich die unglaubliche Summe von bis zu 10 Billionen Dollar, das sind 10 000 Milliarden jährlich – wohlgemerkt: jährlich! –, um ihre Ziele bezüglich globaler Armut, Ungleichheit, Ungerechtigkeit und Klimawandel zu erreichen.

Es ist zu befürchten, dass die Verantwortlichen weltweit auch diese Warnung ignorieren werden und die Menschen in allen Ländern einen tragischen Preis zahlen werden. Was Tragik für den einzelnen Menschen bedeutet, wird vom Gesetz von Ursache und Wirkung gerecht auf die Verursacher zur Abtragung ihrer Schuld verteilt werden. Die Macher und Machthaber in Kirchen, Staat und Wirtschaft, letztlich auch die politischen Parteien, haben das alles ignoriert, was jetzt milliardenfachen Tod an Mensch, Natur und Tieren zur Folge haben wird. Falls es dann noch Gerichte gibt, werden diese das dann festzustellen haben. Auch, dass die Verantwortlichen wider besseres Wissen gehandelt haben.

Denn, wie gesagt: Durch das prophetische Wort in der Jetztzeit wurden die Verantwortlichen in Kirche und Staat – und „Staat" heißt immer auch „Parteien" – wiederholt und rechtzeitig gewarnt. Doch das Wort Gottes wurde von den Religionsfunktionären ebenso wie von Würden- und Ämterverwaltern in Politik und Gesellschaft dem Wind übergeben. Stattdessen hieß es: Erst verleumden, dann totschweigen, dann ab in die Schublade und Schwamm drüber, alles unter dem Motto: „Was geht mich das Massensterben von morgen an?"

Dieser Tod und Verderben bringende Einsatz der personifizierten Eliten in Europa im Kampf gegen das Wort Gottes ist sicherlich eines Karls-Preises würdig. Ob es auch für einen Nobel-Preis des Friedens ausreicht, bleibt abzuwarten. Denn bis heute gilt: Verbrechen aller Zeiten aus dem Dunstkreis des Gegenspielers Gottes werden gepriesen, den brutalsten Tätern werden Denkmäler errichtet. Für die Opfer stellt man bestenfalls scheinheilig ein Teelicht ins Fenster.

Das, was sich im Klimakollaps anzeigt, ist weder Zufall, noch ist es gottgewollt. Gott, der Ewige, ist die Liebe, Er hat keine Strafen oder

Katastrophen. Katastrophen und Unglück sind seit Urzeiten die Wirkungen der unter den priesterlichen Insignien des Götzengottes Baal gesetzten Ursachen von Gewalt, Tod und Verbrechen.

Das gilt auch für die Klimakatastrophe. Sie hat Ursachen, und diese Ursachen sind von Menschen gemacht – von Menschen in den Fußspuren des Kirchengottes, also mit Namen und Adressen, mit Staatsangehörigkeit und Passbild, von Menschen in Politik, Kirchen, Banken, Börsen und Wirtschaft bewusst gesetzt, wie es sich im weltweiten Untergang dieser Welt nun zeigt. Warnungen davor gab es wahrlich mehr als genug, jahrzehntelang.

Um es nochmals zu wiederholen: Es gibt keine Zufälle. Auch die zunehmenden Warnungen der Wissenschaftler in den vergangenen Jahrzehnten wurden ignoriert oder bewusst in Zweifel gezogen; oftmals wurden mit großem Aufwand ganz gezielt Zweifel an den Erkenntnissen unabhängiger Wissenschaftler gestreut, um Maßnahmen für den Klimaschutz zu verlangsamen oder ganz zu verhindern.

Im Vordergrund stand immer die augenblickliche Gewinnmaximierung zugunsten von Mächtigen und Superreichen nach dem baalistischen Credo „*Macht euch die Erde untertan*" in der Form klerikaler Interpretation:

Brutale Ausbeutung, ohne Rücksicht auf Pflanzen, Tiere, Menschen und die Mutter Erde. Für Öl, Gas, Kohle und alle Rohstoffe wird die Erde brutal ausgebeutet; auch Wälder und Urwälder, ganze Landstriche werden geopfert für die Qualtierzucht und das Massenschlachten wehrloser Geschöpfe Gottes; genauso brutal wird mit den Meeren und dem Leben darin verfahren – alles für den Gewinn, alles für den vergänglichen Mammon.

Alles, was an Ausbeutung von Ressourcen möglich ist, war und ist das Geschäftsmodell zum Untergang im Klimakollaps, bis hin zu der Ausrottung allen Lebens auf dieser Erde, einschließlich der Menschen. Lebewesen, andere Menschen, die nicht der Gilde des Vaters von unten angehören, die Tiere, die Natur sind dabei nur Störfaktoren, wenn sie keinen Gewinn bringen, sondern bestenfalls unerwünschtes Gesindel, das den Gewinn schmälert.

Der Gewinn ist ein Götze, dem von den Mächtigen im Universum des Gottes Baal bis heute gehuldigt wird, bis zur Ausrottung der Menschheit. Intelligenz ist freilich etwas anderes, doch wer fragt schon nach Intelligenz, wenn es um seinen Gewinn geht?

Doch die Verführten müssten allmählich diejenigen durchschauen, von denen sie mit dem Segen der Kirchen seit Jahrzehnten unter falschem Etikett in die Klimakatastrophe geführt werden. Es sind letztlich Raubbau-Abenteurer, die die Natur und die Tiere gnadenlos ausbeuten unter dem Schutz von Gesetzen, deren Erlass sie durch den Einsatz von Milliarden und von Scharen von Lobbyisten wesentlich beeinflusst haben, nicht zuletzt vielfach auch mit Hilfe und mit dem Segen der beiden großen Kirchenkonzerne katholisch und lutherisch und ihrer Ausbeutungsdoktrin gegen Natur und Tiere.

Von welchem bösen Geist muss man besessen sein, wenn man alle Warnungen der Wissenschaft ignoriert und die Warnungen aus dem Gottesgeist nicht nur verspottet, sondern aktiv bekämpft durch Verleumdungen und vor allem dadurch, dass man jeden bedroht und mundtot macht, der es wagt, den Menschen das Wort Gottes durch Prophetenmund für die heutige Zeit zugänglich zu machen?

Keiner dieser Ungeister kann sich darauf berufen, er hätte es nicht besser gewusst. Sie werden über Zeiten von Zeiten die Wirkungen ihres Tuns am eigenen Seelenleib erleiden und abtragen. Die Hilfen zur Umkehr und zur rechtzeitigen Weichenstellung, die durch das prophetische Wort seit nahezu fünf Jahrzehnten angeboten werden, wurden wissentlich und willentlich verworfen, also vorsätzlich.

Welch eine Welt-Tragödie! Welch ein Welt-Desaster! Welch eine unermessliche Schuld der dafür Verantwortlichen! Und das alles, obwohl so viele darum wissen und wussten.

Erkennen wir Menschen denn immer noch nicht, wo die Falschspieler sind – und durch wen die Wahrheit in diese Welt gekommen ist? Zeigen die Zeichen der Zeit nicht überdeutlich auf, wo die Lüge wirkte und wirkt – und wo die Wahrheit? Was ist denn in Erfüllung gegangen? Die Warnungen aus dem Reich Gottes – oder die Prognosen der Mächtigen in Kirche und Staat? Wer hat viel Wind gemacht um seine eigenen Anliegen – und wer hat das Wort des Gottespropheten in den Wind geschlagen? Die Erde ruft nach Befreiung von diesem boshaften und grausamen Menschengeschlecht.

Allen Widerständen von Kirchen und Staat zum Trotz ist das Wort Gottes durch Prophetenmund mittlerweile wenigstens Millionen von Menschen auf der ganzen Welt bekannt, doch es könnten auch Milliarden Menschen mehr sein – all jene Milliarden, denen das lebendige Wort Gottes in unserer Zeit, die Wahrheit aus dem Ewigen Reich, durch Verleumdung und Totschweigen vorenthalten wurde durch die Priestergilde in den Religionen katholisch und lutherisch. Und zu dieser ewigen Wahrheit gehört, dass es im Ewigen Sein überhaupt keine Religion gibt, weil Religionen nur Kulte sind, die im Vergehen sind.

Real dagegen ist die 2000-jährige Blutspur dieser Institutionen durch die Menschheitsgeschichte. Tatsache ist auch das Verleumden, Bekämpfen und dann Totschweigen, und das war und ist ja kein Missverständnis oder Versehen – das ist genau so gewollt, und es ist immer verbunden mit bestimmten Namen und Personen aus der Riege der Bischöfe, Päpste und Staatsbevollmächtigten in den obersten Ämtern, die für dieses dämonische, die Welt zerstörende Wollen und Tun verantwortlich sind und deshalb vom Gesetz von Ursache und Wirkung auch zur Verantwortung gezogen werden, auch wenn die Täter glauben mögen, über diesem Gesetz zu stehen, das in ihren eigenen Schriften niedergelegt ist in den Worten: *Täuscht euch nicht: Gott lässt Seiner nicht spotten; was der Mensch sät, wird der Mensch ernten.*

Was die Mächtigen im Bann ihrer Hybris auch nicht erfassen, ähnlich wie vieler ihrer Mitläufer: Auf das Wort Gottes zu hören, wäre gerade auch für die unsterblichen Seelen der sündigen Machthaber dieser Welt zu einem Gnadengeschenk geworden, das sie selbst vor dem unvorstellbaren Leid über Zeiten hinweg bewahrt hätte, das ihnen jetzt bevorsteht: um unter anderem als Ärmste unter Armen immer wieder zu inkarnieren und qualvoll abzutragen von der unermesslichen Schuld, die nun zur Abtragung für jeden Einzelnen von ihnen ansteht. Denn das ist die tiefere Bedeutung des Satzes: Was der Mensch sät, wird der Mensch ernten – und seine Werke folgen ihm nach.

Man kann es nicht oft genug wiederholen: Keiner der Religions- und Staatsmächtigen kann behaupten, er hätte es nicht wissen können. Schon vor über vier Jahrzehnten wurden die Bischöfe beider Konfessionen katholisch und lutherisch vom Cherub der göttlichen Weisheit im Auftrag des Christus Gottes mehrfach durch das Prophetische Wort angeschrieben und umfassend über das Ewige Wort durch Prophetenmund und das Wirken einer Gottesprophetin aufgeklärt und ermahnt, die Lehre des Jesus von Nazareth nicht abermals für ihre Machtinstitutionen zu missbrauchen.

Ihnen und auch dem selbsternannten Stellvertreter im Vatikan reichte der Christus Gottes mehrfach die Hand. Bis heute keine Antwort. Stattdessen erst Verleumdung und Verfolgung des Wortes Gottes und Seiner Prophetin, dann Totschweigen – damit die Menschen nichts erfahren von den göttlichen Offenbarungen, von den Aufklärungen, Angeboten, aber auch Warnungen aus dem Reich Gottes, von den Tonträgern und schriftlichen Aufzeichnungen von Tausenden von Schulungen, Lehrstunden und Offenbarungen und weiteren Büchern über Büchern, die bezeugen, was das Füllhorn der göttlichen Weisheit für alle Lebensbereiche und Lebenssituationen auf dieser Erde ausgeschüttet hat: Innige Andachten, tiefste Meditationen und Gebete von einer geistigen Klarheit, Fülle und Kraft, die auf dieser Welt einmalig sind, ja, die es noch nie zuvor gegeben hat. Eine Fülle an geistigem Wissen über das Wesen Gottes und den Aufbau des Reiches Gottes vom ersten beatmeten geistigen Atom bis hin zur Kindschaft Gottes. Eine Fülle an Zeugnissen der gelebten Gottes- und Nächstenliebe. Eine Fülle an Hinweisen, wie jeder Mensch im Bewusstsein des Freien Geistes – Gott in uns und wir in Gott – die Gottes- und Nächstenliebe in seinem Leben in die Tat umsetzen kann, zum Wohl des Menschen und seiner Seele, die unsterblich ist. Es ist der Innere Weg, der zurückführt in unsere ewige Heimat, das Reich Gottes.

Alles, aber auch alles ist gegeben, so weit, wie ein siebendimensionales Geschehen in der dreidimensionalen Sprache der Menschen wiedergegeben werden kann.

Der Christus Gottes hat Sein Versprechen als Jesus von Nazareth wahr gemacht: *„Ich werde euch den Geist der Wahrheit senden, der euch in alle Wahrheit führen wird, soweit Menschen es fassen können."*

Und Sein Wort kehrt nicht leer zu Ihm zurück. Alles, was aus dem Ewigen Reich Gottes durch Prophetenmund gegeben ist, das Ewige Wort des Vater-Mutter-Gottes aus dem Geist der Freiheit in dem Gesetz der Gottes- und Nächstenliebe, ist dokumentiert und vielfach aufgezeichnet und archiviert für zukünftige lichtere Generationen, die weiter aufbauen für das Kommen des Christus Gottes.

Bis heute ist es so: Alles, was die Religionsmächtigen und ihre Hörigen in Staat und Gesellschaft dem Ewigen Wort Gottes entgegenhalten können, ist: verleumden, niedermachen und totschweigen. So kann man sagen: Gerade die sich christlich nennenden Religionen katholisch und ihr Anhängsel lutherisch führen durch ihre jeweilige Priesterkaste und ihnen zugeneigte Parteigänger in Staat und Gesellschaft bis zum heutigen Tag Krieg gegen das Ewige Wort Gottes durch Prophetenmund und auch gegen die gesamte Schöpfung Gottes, die Tiere und Naturreiche.

2000 Jahre angeblich christliche Religionen – und die Menschheit dieser Welt geht im Klimawandel zugrunde, der schon die Klimakatastrophe ist.

Wer ist es, der solches will, und dem diese Religionen huldigen und den sie ihren Gott nennen?

2000 Jahre angeblich christliche Religionen einer Priesterkaste, die eine verbrecherische und kriegerische Blutspur ohne Beispiel in der Geschichte dieser Welt hinterlassen hat, die einigen ihrer Verbrecher als sogenannten Heiligen huldigt und in deren Reihen bis in unsere Zeit Tausende von Kinderschändern an Hunderttausenden von wehrlosen Kindern jahrelang ihre perversen Neigungen ausleben konnten.

Wer kann ein Interesse daran haben, dass diese Verbrecher im Talar den Namen Gottes und des Christus Gottes für ihre abscheulichen Taten missbrauchen und dass gleichzeitig die Mächtigen dieser Welt ihrem obersten Dienstherrn im Vatikan huldigen?

Und nun geht die Welt im Klimakollaps vor die Hunde – welcher Gott ist das, dem die Kultpriester und ihre Artgenossen dienen? Wahrlich, welcher Gott soll das sein?

Die Antwort auf diese Frage hat Christus als Jesus von Nazareth schon vor 2000 Jahren gegeben. Er hat die Religions-Kultverwalter Seiner Zeit als Söhne des Vaters von unten, als Heuchler, als Nattern und Otterngezücht bezeichnet und ihnen vorgehalten: *„Ihr habt den Teufel zum Vater und ihr wollt das tun, wonach es euren Vater verlangt. Er war ein Mörder von Anfang an. Und er steht nicht in der Wahrheit; denn es ist keine Wahrheit in ihm. Wenn er lügt, sagt er das, was aus ihm selbst kommt; denn er ist ein Lügner und ist der Vater der Lüge.“*

Und auch das, was sie gegen Ihn im Schilde führten, hat Er ihnen auf den Kopf zugesagt, und jeder weiß, dass es so gekommen ist: Sie verleumdeten Jesus von Nazareth und ließen Ihn, angetrieben von ihrer dämonisch-boshaften Niedertracht, hinterhältig und brutal durch die Staatsmacht ermorden.

Heute sind es die Abkömmlinge von Abkömmlingen, die immer noch den Krieg gegen das Wort Gottes führen, gegen das prophetische Ewige Wort des auferstandenen Christus Gottes, einst in Jesus von Nazareth. Ja, eine Priestergilde mit ihren Einflüsterungen und die ihr zugeneigten Staatsbevollmächtigten führen immer noch Krieg gegen den auferstandenen Christus Gottes – es ist der Krieg einer Priesterkaste und ihrer Vasallen; der Krieg kirchlicher Institutionen und ihrer Weisungsgebundenen in Politik, Wirtschaft und Gesellschaft gegen die Liebe Gottes, gegen die Schöpfung Gottes; der Krieg, gegen den die Mutter Erde sich jetzt aufbäumt und mit ihrer Antwort an die Peiniger unter dem Namen „Klimakollaps" die Menschheit das Fürchten lehrt, auch die Kirchen und die Mächtigen, deren Ende schon am Horizont geschrieben steht. Der Klimakollaps bringt alles an den Tag.

Und es wird fürchterlich werden für Menschen, Tiere und Pflanzen, und nichts, aber auch gar nichts, wird so bleiben, wie es ist, und schon gar nicht die Religionen, ihre Priesterkaste und ihre zugeneigten Politiker, auch nicht die, die glauben, sie seien die maßgeblichen und unantastbaren Eliten. Maßgeblich ist einzig das Gesetz von Ursache und Wirkung, da gibt es keine Eliten. Da gibt es für so manchen Heulen und Zähneknirschen. Denn das Gesetz der Gottes- und Nächstenliebe wurde verworfen und damit Leid, Elend und Not gesät. Wer wird es ernten?

Alle gerechten Männer und Frauen wissen darum: Die Neu Zeit wird ohne Priester, ohne Religionen, ohne Bischöfe und Päpste, ohne Kirchen und Dome sein und ohne kirchengeneigte Politiker. Das Gebilde eines Priestergottes, den schon Jesus von Nazareth als den Vater von unten entlarvt hat, wird spätestens im Klimakollaps vergehen. Dann wird allmählich Friede sein.

Noch glaubt mancher Kultanhänger, es werde so weitergehen wie seit Jahrtausenden, in denen die Priesterreligionen und die ihnen zugeneigten Staatsbevollmächtigten gegen das lebendige

Wort Gottes durch Prophetenmund ständig Krieg führten. Denn wer Kriege führen will, der kann natürlich – wie schon gesagt – keine Friedensbotschaft gebrauchen und den Friedefürsten, den Christus Gottes, schon gar nicht, denn auch viele der Söhne des Vaters von unten wissen: Die Wiederkunft des Christus Gottes im Geiste bedeutet das Ende der Macht aller Religionen, und dass Schluss ist mit dem Missbrauch Seines Namens und damit auch mit all der Unethik und Unmoral, der Gewalt und dem Töten, wovon die Bibeln und die Kultgesetze der Priesterkaste selbst hundertfach Zeugnis geben, wie jeder dort selbst nachlesen kann. Man liest dort vielfach von der Heimtücke der Mächtigen, von Lug und Trug und Intrigen, immer wieder von Schlachtgemetzeln und vom Töten von Menschen und Tieren, von grausamen Blutopfern für den Götzengott Baal.

Der gleiche Kadavergeruch und die Todesschreie der Tiere schlagen heute dem entgegen, der in die Schlachthöfe hineinschaut und genau hinhört. Es ist immer noch die baalistische Sucht, Tiere zu töten und sie der Fleischeslust zu opfern, immer noch wird der abscheuliche kannibalistische-dämonische Blutopferkult aus Zeiten der Vorzeit, der heute millionenfach in den Schlachthöfen dieser Welt stattfindet, als angeblich gottgewollt gerechtfertigt.

Doch es ist nicht Gott, der Ewige, der solches billigt oder gar fordert – der Blutopferkult im Tierkannibalismus stammt aus der Tradition von Priesterkulten und ihrem jeweiligen Götzengott.

Aus dieser Zeit stammt auch die Vorstellung im Kannibalismus, man erwerbe durch den Verzehr von Leichenteilen seines Feindes dessen Kräfte oder Fähigkeiten. Müssten nicht spätestens dann bei den Kultgläubigen alle Alarmglocken klingen, gleichsam Eucharistie-Alarm, wenn die Kultverwalter unter Androhung von ewiger Höllenpein von ihnen verlangen, dass sie angeblich real den Leib des auf Betreiben der damaligen Priesterkaste ermordeten Jesus von Nazareth immer wieder in der sogenannten

Eucharistie verzehren und dazu sein angeblich reales Blut trinken müssen?

Bei Wikipedia ist unter dem Begriff „Theophagie" zu lesen: *„In der christlichen Eucharistie findet die rituelle essende und trinkende Anteilnahme am Fleisch und Blut der christlichen Gottheit statt. Thomas von Aquin hat in seiner Summa theologica auf die Bedeutung der Eucharistie für das Christentum mit den Worten hingewiesen: durch die Eucharistie essen wir Christus."* Und weiter ist zu lesen: *„Auch in der christlichen Eucharistie sind Elemente des Kannibalismus rituell konserviert, weil der göttliche Christus, dessen Blut und Fleisch im Brot- und Weinopfer rituell konsumiert wird, auf dem historischen jüdischen Menschen Jesus von Nazareth basiert."*

Es stellt sich also die Frage: Wird die Ermordung des Sohnes Gottes am Kreuz der Schande durch den symbolisch rituellen Verzehr des Leichnams nicht zusätzlich auch noch zu einer Schlachtung herabgewürdigt? Oder soll der Mitregent des Reiches Gottes, der Sohn Gottes, gar durch diese Schlachtung einem Schlachttier gleichgestellt werden, also noch offensichtlicher entwürdigt und erniedrigt werden? Denn was ist Ermordung anderes als Schlachtung, wenn das Fleisch anschließend verzehrt werden muss?

Nach dem Bild, das heute gezeichnet wird, wurde Jesus, der Christus, damals geschlachtet, um Ihn in einer fortwährenden Priester-Inszenierung bis heute aufzuessen. Müsste bei diesem rituellen Verzehr von realem Fleisch und realem Blut eines Hingeschlachteten nicht sogar der Staat eingreifen oder wenigstens durch Psychologen umfassende Aufklärung leisten? Wo bleibt da der Jugendschutz?

Welcher andere Verein könnte mit einer Satzung operieren, in der eine solche angeblich reale Menschenblut und Fleisch verzehrende – also gleichsam kannibalistische – Kulthandlung als zentrales Element festgeschrieben ist, ohne sofort verboten zu werden? Gerade auch wenn bei dieser Gelegenheit Christus, der Mitregent des Reiches Gottes, angeblich beliebig oft in eine Backware gezaubert wird, auf Geheiß von sündhaften Priestern – kann man Christus, den Sohn Gottes, mehr verhöhnen und verspotten? Und wieso machen bei diesem angeblich realen Blutopferkult so viele führende Staatsbevollmächtigte mit? Und das im 21. Jahrhundert?

Doch schon seit Jahren bröckeln der Schein und die Macht der Priestermänner. Das Klima hat den Verfall noch beschleunigt. *Was der Mensch sät, wird der Mensch ernten,* so liest man in ihren eigenen Bibeln. *Gott lässt Seiner nicht spotten.* Ihre Ernte wird ihren Taten entsprechen, *denn ihre Werke folgen ihnen nach.* „Selbstverbrennung" ist weltweit flächendeckend angesagt, wie es ein bedeutender, mutiger Klimaforscher in seinem gleichlautenden Buch treffend formulierte. Entsprechend werden alle Würdenträger in Kirche und Staat, die dem Priestergott und seinen Weisungsbevollmächtigten dienen, im selbstgeschürten Feuer des Klimakollaps enden – bis die Einsicht erfolgt, die unermessliche Schuld gesühnt und von allen Opfern Vergebung erlangt wurde. Und dann wird Friede sein.

Weil es leider immer noch so ist, wie es ist – ein klerikal-politisches Netzwerk ohnegleichen –, klären Nachfolger des Jesus von Nazareth erneut über die jahrzehntelange Rufmordkampagne von Kirche und Staat gegen das prophetische Wort Gottes in der heutigen Zeit auf.

Die oftmals noch unwissende und priesterhörige Menschheit wird insbesondere auch aufgeklärt über das wahre Wort Gottes; die Sendungen mit Schulungen und Offenbarungen des Gottesgeistes gehen hinaus zu den Menschen in aller Welt. Jährlich werden Hunderte von Sendungen, in viele Sprachen dieser Welt übersetzt, von Fernseh- und Radio-Sendern weltweit ausgestrahlt. Immer mehr Menschen, Millionen, die bisher in dem drückenden Glauben an das Geheimnis eines schweigenden und zornigen Priestergottes befangen waren, hören voller Dankbarkeit das aktuelle lebendige Wort Gottes durch Prophetenmund und Seine Wahrheit aus den Himmeln. Und immer mehr Menschen erkennen: Wir brauchen keine Religionen, keine Mittler, denn der Gottesgeist wohnt in uns – so, wie Jesus von Nazareth schon sinngemäß lehrte: *Ihr seid der Tempel des heiligen Geistes, und das Reich Gottes ist inwendig in euch.*

Der Freie Geist, Gott, redet, wann und wo Er will, aber niemals durch die Priesterkaste. In der ganzen Unendlichkeit des ewigen Seins gibt es keine Priester, keine Bischöfe und keine Päpste, auch keine Heiligen. Sie kommen dort überhaupt nicht vor. Sie sind nicht existent.

Vom ewigen Sein aus gesehen stellen sich Religionen auf der Erde dar als Illusion, als Leimruten des jeweiligen Priestergottes. Es gibt keine ewige Verdammnis, keine Hölle, keinen strafenden Gott. Diese dämonischen Institutionen gibt es nur in den Lehren von Priesterkulten auf der Erde. Es handelt sich um Projektionen des universalen Herrschaftsanspruches degenerierter Fallwesen in die Glaubenssätze und Dogmen einer Priesterreligion, die unter anderem zum Erhalt ihrer Machtansprüche eine Doktrin zum Mysterium erhebt unter dem Begriff *„Geheimnis des Glaubens"*.

Unter Missbrauch des Namens „christlich" präsentieren sie das Credo eines stummen Geheimnis-Gottes und eines immerwährend schweigenden Christus Gottes, festgenagelt am Schandkreuz der Priesterkaste, das von höchster Stelle im Vatikan als Sein Thron verhöhnt wurde.

Doch die Realität ist der lebendige Christus Gottes, der auch der dunkelsten Seele, dem schlimmsten Dämon nachgeht, um ihn heimzuholen in das ewige Vaterhaus, in das Ewige Reich, wo er einst wieder sein wird, geläutert, rein, edel und in der Gottes- und Nächstenliebe wiederauferstanden. Gott, der All-Eine, ist die Gottes- und Nächstenliebe, keine Seele lässt Er verloren gehen.

Der Freie Geist, Gott, ist nicht das Wort der Religionen und der Priesterkaste und schon gar nicht das Wort des allzumenschlichen Gegenspielers in Rom. Gott, der Ewige, hat keine Geheimnisse, Er hat nichts zu verbergen. Er ist der redende Gott, das ewige Gesetz der Gottes- und Nächstenliebe.

Unseren redenden und sich Seinen Kindern offenbarenden ewigen himmlischen Vater-Mutter-Gott der Liebe möchten der Gott des Geheimnisses und seine irdischen Repräsentanten zum Schweigen bringen.

So ist es auch zu verstehen, dass sich der Krieg der Priestermänner zur Unterdrückung der Wahrheit, des Wortes Gottes, in jahrtausendealter Tradition zu immer diabolischerer Perfektion auswuchs und auch in der Jetztzeit alles daransetzte, unter Mithilfe von Staat und Medien die Wahrheit aus dem Reich Gottes und die Wortträgerin des Ewigen zu verunglimpfen, der Lächerlichkeit preiszugeben und das Wort Gottes im Keim zu ersticken.

Ausgeführt wurde das alles überwiegend von Menschen, die keine Skrupel hatten, das schmutzige Geschäft der Inquisition zu ihrem Beruf zu machen. Längst sind alle von ihnen vorgebrachten Verdächtigungen, Unterstellungen, lügenhaften Meinungen und glatten Lügen widerlegt. Vieles davon ist als Projektion ihrer

eigenen Unmoral und abartigen Abgründe entlarvt. Trotzdem haben die Drahtzieher und
ihre Garnspinner im Netzwerk von Priestern,
Bischöfen und Päpsten, von kirchenhörigen
Politikern, von höchsten Regierungsstellen bis
hin zu simplen Abgeordneten, Landräten und
Provinz-Bürgermeistern und willfährigen Journalisten bis heute weder den Anstand gezeigt
noch Anstalten gemacht, sich für ihre jahrzehntelangen boshaften Anwürfe und Ehrabschnei-
dungen wenigstens zu entschuldigen.

Noch könnten sie sich entschuldigen für die
Anwürfe und Ausgrenzungstiraden in den Medien, für den jahrzehntelangen Spießrutenlauf
unbescholtener Menschen, den kirchengeneigte
Medien und skrupellose Journalisten jahrelang immer wieder befeuert haben – doch, wie
offenbart ist: Die Zeit geht zu Ende. Es scheint,
als seien die Täter aufgrund ihrer ideologi-
schen Prägung nicht zugänglich für die tieferen
geistigen Werte und Gedanken, die Ethik und
Moral, wie sie der Bergpredigt und der Lehre des
Jesus von Nazareth entspricht, und können

deshalb nicht einmal erahnen, was die Gottes- und Nächstenliebe auch ihnen zu sagen hätte. Reue und Bitte um Vergebung scheinen noch Fremdwörter für sie zu sein, doch durch die einsetzenden Wirkungen ihrer Ursachen werden auch sie vieles erkennen.

Noch scheint es nicht so weit zu sein, noch scheint das Motto von Staat und Kirche zu sein: Immer weiter so, abwärts geht es in den Untergang. Gnadenlose Ausbeutung von allem und allen, rücksichtsloses Profitstreben vor allem auf Kosten der Schwächeren, ganz besonders auf Kosten der Natur und der Tiere, ist zum Standard des Alltags geworden. Anstand und Benehmen, gesellschaftliches Niveau, Ethik und Moral verkommen mehr und mehr, gerade auch unter dem angemaßten Führungsanspruch einer angeblichen gesellschaftlichen Elite.

Man bleibt unter sich, um die eigene bigotte Scheinwelt von Kirche, Staat und elitärer Gesellschaft aufrechtzuerhalten. Dabei sägt man jetzt schon selber den Ast ab, auf dem man sitzt.

Zukünftige Generationen werden diese Führungselite des Weltuntergangs als Schandfleck der Menschheitsgeschichte in Erinnerung behalten, verantwortlich für globales Massensterben, ja globalen Massenmord, spätestens dann, wenn der von ihnen mitverursachte Tod sich millionenfach über die Welt ausbreitet.

Doch jetzt schon gilt: Wo bleibt von diesen für zukünftigen Massenmord Verantwortlichen die Entschuldigung bei denen, die schon zu Opfern von Verleumdung und Rufmord wurden, ebenso wie bei den Milliarden Menschen, die aufgrund der Unterdrückung des Wortes Gottes noch zu Opfern werden? Denn vieles von dem Leid, das heute auf die Menschheit zurollt, wäre noch zu verhindern gewesen, hätte man auf die Mahnungen und Warnungen aus dem Reich Gottes gehört.

Man darf dabei auch nicht vergessen, dass auch die Klima-Wissenschaft Fakten über Fakten lieferte, und dass deren Warnungen ebenfalls in den Wind geschlagen wurden. Während heute die vielen Opfer verbrecherischer Diktatoren der Vergangenheit zu Recht rehabilitiert werden und immer wieder an das übergroße Unrecht öffentlich erinnert wird, das ihnen angetan wurde, werden gleichzeitig von Worthülsenpredigern in unserer Zeit Ursachen gesetzt, deren Opferzahlen um ein Mehrfaches, ja Vielfaches, größer sein werden. Und alles im Rahmen angeblich „christlicher" Werte. Entschuldigung und öffentliches Bekenntnis für das eigene Versagen wären das Mindeste!

Der Eintritt des Massenmordes ist von den Totschweige-Tätern ja nur in die Zukunft verschoben. Stattdessen handeln die Täter nach dem Motto: „Hände auf den Rücken und pfeifen. Heute lege ich die Lunte, was dann geschieht, geht mich nichts an." Hauptsache die Lunte brennt lange genug, dass man sich selbst, wenn möglich, in Sicherheit bringen und andere dann dafür verantwortlich machen kann, wenn es knallt. Doch das ist ein Irrtum! Keiner wird sich vor seinen eigenen Ursachen retten.

Deshalb noch einmal: Wo bleibt die Entschuldigung? Wo bleibt das Eingeständnis der unermesslichen Schuld? Wo bleibt die Bitte um Vergebung?

Machen wir uns noch einmal die Tragweite des Geschehens der letzten fünf Jahrzehnte bewusst: Der Ewige All-Eine Gott offenbart sich fast fünf Jahrzehnte lang, Er klärt auf, Er mahnt und zeigt auf, was geschehen wird, wenn die Menschheit nicht umkehrt. Die Kirchenmächtigen und ihre Parteigänger in Politik und Gesellschaft praktizieren weiter mit allen Mitteln Unterdrückung und absolutes Totschweigen des Wortes Gottes durch Prophetenmund.

Leider ziehen diese machtversessenen Jongleure des Weltgeschehens die gesamte Menschheit mit in den Abgrund mit Namen Klimakollaps. Selbst in dem sich abzeichnenden globalen Supergau „Omnizid" kennt die Hybris immer noch keine Grenzen. Aber die Seelen der Größenwahnsinnigen werden daran über unzählige leidvolle Zeiten abzutragen haben. Im Jenseits sind sie nach dem Gesetz von Saat und Ernte an ihre Opfer gebunden, bis sie von diesen

Vergebung erlangen. Und ihre Opfer gehen in die Milliarden.

Millionen über Millionen Menschen hätten, wenn sie vom wahren Wort Gottes durch Prophetenmund erfahren hätten, entsprechend der Friedenslehre des Jesus, des Christus, ein friedvolles Leben führen können und hätten von der Ausbeutung und Zerstörung der Mutter Erde abgelassen. Ihnen wären Krankheit, Siechtum und elende Angst vor dem Jenseits, vor der „ewigen Verdammnis" und vor dem Fluch und der „Hölle" eines priesterlichen Rachegottes erspart geblieben. Die Alternative für die Gesellschaften dieser Erde – ein gerechtes Leben nach den Zehn Geboten Gottes und der Bergpredigt – wäre möglich gewesen und der Klimawandel noch rechtzeitig abgemildert worden, denn die Weisheit Gottes ist fünf Jahrzehnte gegenwärtig.

Wer soll nun diese unermessliche Schuld tragen?

Wer ist dafür verantwortlich in Staat, Kirchen und Gesellschaft?

Zukünftige Generationen werden in ihnen die Diener des dämonischen Transfers erkennen, und dass sie zum Ausgangspunkt des Massenmordes geworden sind unter dem Damoklesschwert ihrer angeblichen christlichen Werte, die in Wahrheit Verderben bringende kirchliche Werte der Priesterkaste waren und sind.

Wie wollen die Machtmenschen aus Politik, Wirtschaft und Religionen, die Zerstörer des Lebens in der Natur, in, auf, und über der Erde, in den Ozeanen – wie wollen sie für ihre Seelen Ruhe finden?

Dieses Äonen-Leid ihrer Seelen wollte Gott, unser ewiger Vater, ihnen ersparen, doch sie haben Sein prophetisches Ewiges Wort abermals nicht nur verschmäht, sondern verleumdet und lächerlich gemacht, unterdrückt und totgeschwiegen. Doch sie können und werden wiederkommen und immer wiederkommen auf Erdflecken; ihre Gestalt und ihr Geist werden gezeichnet sein von den Ursachen, die sie selbst gesetzt haben, und sie werden die von ihnen selbst zerstörte Atmosphäre der Erde einatmen als Folge ihrer eigenen Hybris. *Was der Mensch sät, wird der Mensch ernten ...*

Dann sollen die Urheber der Zerstörung aber nicht den Einen Gott der Liebe anklagen, der sie im prophetischen Wort vor all dem bewahren wollte, denn sie haben Ihn verworfen und stattdessen den Dämonen gehuldigt und auf der Erde das Leben aus Gott in maßloser Grausamkeit zerstört. Dazu gehören auch die ehrlosen Parteigänger in der Kirchenpresse und in anderen Medien, welche die Verbreitung klerikalen Rufmords zu ihrem Beruf gemacht haben und sich auf Häme, Diskriminierung, Verächtlichmachung, Hetze und Meinungslügen bis hin zum Rufmord gegen unbescholtene, ehrbare Bürger spezialisiert haben. Und das alles mit dem Ziel, das Wort Gottes und Seine Prophetin zum Schweigen zu bringen.

Die klerikal verursachte geistige Unwissenheit über die Zusammenhänge von Saat und Ernte, von Ursache und Wirkung, lassen die Mächtigen in ihr selbst geschaffenes Verderben gehen. Getäuscht von ihrer aktuellen weltlichen

Machtfülle, verschließen sie immer noch die Augen vor dem Ausmaß der Katastrophe. Sie bedenken nicht, dass jeder Mensch für alle gesetzten Ursachen als Mensch oder spätestens als Seele all das zu tragen haben wird, was er selbst durch seine machtbesessene Hybris Menschen, aber auch Tieren und Pflanzen und der gesamten Mutter Erde angetan und aufgelastet hat. Wenn sie einst das Ausmaß ihrer Schuld erkennen, dann werden auch die heute noch vor Selbstgerechtigkeit strotzenden Weisungsbevollmächtigten in Kirche und Staat – Päpste, Bischöfe, Priester, Präsidenten, Kanzler und Minister, Reiche und Superreiche der Wirtschaft – irgendwann zu dem Schluss gelangen müssen: Sie haben wahrlich bis heute nichts bewiesen – nur zerstört. Der Zustand der Erde gibt davon reichlich Zeugnis.

Doch schon heute, hier und jetzt, heißt es für alle, die den Namen des Christus Gottes für ihre Zwecke missbrauchen: Durch eure Taten beweist ihr stündlich und täglich, dass ihr dem Gegenspieler des Christus Gottes huldigt, den Jesus von Nazareth den Vater von unten nannte, der ein Lügner und Mörder war von Anfang an und der Vater der Lüge ist. Nennt euch nicht länger christlich! Nennt eure Kirchen, eure Religionen, eure Parteien nicht länger christlich! Wie wollt ihr eurem eigenen Gericht entkommen? Wie? Durch Totschweigen, durch Verleumdungen? Merkt ihr nicht, wie lächerlich das ist?

Gott, der Ewige, ist nicht die Zeit. Gott ist die Ewigkeit und die Unendlichkeit und darin die Gerechtigkeit. Die Zeit aber ist abgelaufen, weil sie nur geliehene Energie war. Es ist aus.

Den Menschen kann man nur raten: Richtet euch nicht nach dem, was die Religionsmächtigen tun. Richtet euch auch nicht nach ihren Worthülsen, und lasst euch nicht von ihren Verfluchungen und Verdammungen einschüchtern. Gebt dem Kaiser, was dem Kaiser gebührt. Doch dann nehmt die Zehn Gebote Gottes und die Bergpredigt des Jesus von Nazareth zur

Hand und lernt schrittweise, in die Gottes- und Nächstenliebe hineinzufinden.

Rettet eure Seelen offenbarte der Christus Gottes, einst in Jesus von Nazareth inkarniert. Jesus von Nazareth lehrte: Gott, der Ewige Schöpfergott, ist die Freiheit, der Freie Geist der Gottes- und Nächstenliebe. An die Völker dieser Erde gerichtet, sei gesagt:

Entsagt euren Ketten der Religionen und des geistigen Sklaventums. Geht den Weg der Bergpredigt und der Zehn Gebote Gottes. Geht in das stille Kämmerlein, von dem Jesus von Nazareth lehrte, und werdet frei. Jesus, der Christus, geht jeder Seele nach, und Er lässt sich finden. Gott in uns und wir in Gott.

Liebe Gott über alles, und deinen Nächsten wie dich selbst; das ist das Gesetz und die Propheten. – So Jesus von Nazareth.

Noch einmal sei festgehalten: Die angeblich Mächtigen dieser Welt im Dienste des Gegenspielers des Ewigen All-Einen Gottes haben nachweislich nicht nur nichts gegen den Klimakollaps getan, vor dem die eigens von ihnen beauftragten Wissenschaftler auch schon seit 40 Jahren warnten und immer noch warnen, sondern – besonders frevelhaft – sie haben das Wort Gottes durch Prophetenmund für die heutige Zeit verleumdet, lächerlich gemacht und totgeschwiegen. Alles mit dem Ergebnis: Klimakollaps und milliardenfacher Tod von Menschen, Tieren und der Natur.

Wäre es nicht an der Zeit, dass diese unermessliche kosmische und auch irdische Schuld der sogenannten Eliten in Religionen, Staaten und Wirtschaft weltweit öffentlich beim Namen genannt wird und die Täter öffentlich zur Verantwortung gezogen werden, zum Beispiel in einem internationalen Tribunal – das auch die vielen Opfer des klerikalen Rufmordes weltweit rehabilitiert?

Und wo bleibt wenigstens eine Entschuldigung der Täter bei den Propheten Gottes, bei den gerechten Männern und Frauen und auch bei den Wissenschaftlern, die rechtzeitig gewarnt haben?

Es gibt keine Anzeichen dafür. Denn obwohl die Entlarvung der Täter täglich fortschreitet und trotz aller unwiderlegbaren Tatsachen, gibt es bis heute niemanden in diesen angeblich elitären Kreisen der Rufmörder und sonstigen Täter, der nur einen Funken Anstand hätte, um sich bei den Opfern, den von ihnen verleumdeten und rufermordeten Mitmenschen, zu entschuldigen.

Anscheinend ist der Leidensdruck noch nicht groß genug, aber das wird sich schon bald ändern. Denn der Klimawandel wird diese Erde schon bald zu einer Glut-Hölle machen, die auf weiterhin bestehenden Erdflecken, auch Schattenflecken genannt, der Aufenthaltsort für schwer belastete Menschen und Seelen sein wird. Dort werden sich dann viele der heute noch hochmütigen Mächtigen als einfache Menschen wieder finden – Päpste, Bischöfe und Priester, Präsidenten, Kanzler und Minister, Reiche und Superreiche aus Wirtschaft und angeblichem Adel, einschließlich so mancher Königshäuser.

Auch die Mächtigen in Börsen und Banken sind mit in diesem grausamen Spektakel von Ursache und Wirkung der persönlichen Abtragung eingebunden, denn sie haben mit so manchem Projekt aus reiner Profitgier am Klimakollaps maßgeblich mitgewirkt und so den millionenfachen Tod von Menschen, Natur und Tieren mitzuverantworten. Auch für sie gilt: *Was der Mensch sät, wird der Mensch ernten.*

In den jenseitigen Ebenen der Reinigung der Seele und Abtragung der Schuld wird keiner der heute noch scheinbar Großen am Seraph der göttlichen Weisheit und an dem Christus Gottes vorbeikommen. Zuerst gilt es, über lange Zeiträume abzutragen, um dann das Bewusstsein der Gottes- und Nächstenliebe zu entwickeln, auch wenn es für viele unendlich leidvolle Zeiten sein können. Und es wird wahrscheinlich Zeiten von Zeiten voller Leid und Selbsterkenntnis dauern, denn die unermessliche Schuld gegen das Leben hat eine Ursache und muss von der Seele getragen werden, die die entsprechenden Ursachen gesetzt hat.

Es ist wahrlich so unendlich traurig, dass wohl viele dieser ärmsten gefallenen Seelen, diese ehemaligen Geistwesen, unsere Brüder und Schwestern, den langen Weg voller Leid über Zeiten von Zeiten des Aufbaus ihrer geschädigten Seelen gehen müssen, um wieder als reine Kinder Gottes heimkehren zu können. Ihre Schuld ist ohne die Gnade Gottes gar nicht tragbar. Und Vergebung zu erlangen, erfolgt erst nach der Einsicht.

Trotz allem: Millionen über Millionen Menschen weltweit danken der Botschafterin und Prophetin Gottes in unserer Zeit für ihren unermüdlichen Einsatz für die ewige Wahrheit des reinen Seins, für das Ewige Wort Gottes, für das Gesetz der Gottes- und Nächstenliebe an Mensch, Natur und Tieren. Auch wir danken dem Seraph der göttlichen Weisheit für alles, was wir Menschen aus dem Füllhorn der göttlichen Weisheit an kosmischen Schätzen geschenkt bekamen und bekommen, um herauszufinden aus dem Rad der Wiedergeburten und zurückzukehren in das ewige Vaterhaus, in das Reich Gottes. Wir danken auch im Besonderen dem Trägerpaar der göttlichen Weisheit, dem Cherub und dem Seraph vor Gottes Thron, die gemeinsam das Kommen des Christus Gottes vorbereitet haben und weiter vorbereiten. Und nicht zuletzt gebührt unser Dank dem Ewigen All-Einen Vater-Mutter-Gott und Seinem Sohn, dem Christus Gottes.

Die Frage steht:

Wo bleibt das Eingeständnis der unermesslichen Schuld? Wo bleibt die Bitte um Vergebung? Wo bleibt die Entschuldigung bei den Propheten Gottes, bei den gerechten Männern und Frauen und auch bei den Wissenschaftlern, die rechtzeitig gewarnt haben? Wo bleibt die Entschuldigung bei den Völkern dieser Erde, vor allem bei den jüngeren Generationen, denen wegen der Hybris der Elite-Versager schwerste Zeiten bevorstehen?

Wir haben gesehen: Die Angesprochenen bleiben die Antwort schuldig. Sie glauben offenbar immer noch, durch Ignorieren und Tot-schweigen das universale Gesetz von Ursache und Wirkung außer Kraft setzen zu können oder, anders gesprochen, sich ihrer Verantwor-tung und den Konsequenzen daraus entziehen zu können.

Uns bleibt nichts anderes, als weiter aufzu-klären und den Menschen zu sagen: Nichts von dem, was auf die Menschheit jetzt zukommt, kommt von Gott, dem Ewigen, sondern es ist das Werk des Priestergottes und seiner Wei-sungsbevollmächtigten.

Gott, der Ewige All-Eine, der Vater-Mutter-Gott aller Seiner Kinder, ist der Gott der Gottes- und Nächstenliebe. Und Gott, der Ewige, hat rechtzeitig aufgeklärt und gewarnt, um die Menschheit vor dem Abgrund zu bewahren, in den sie ihren blinden Blindenführern gefolgt ist und immer noch folgt. Und nichts hat sie da-vor bewahrt: Keine Religionen, keine Priester, keine Pfarrer, keine Bischöfe, keine „Heiligen", keine Kirchen und Dome, keine Sakramente, keine Eucharistie, keine Hostien und Taufen, keine Ohrenbeichten, keine verbrämten Blut-opferzeremonien. Diese Zeit ist abgelaufen. Es ist vorbei. Jetzt schon und in der Neu Zeit heißt es: Gott in uns und wir in Gott.

Das unheilvolle Wirken
klerikaler Netzwerke und ihrer Vasallen
in Staat und Gesellschaft

Ehe wir auf das unheilvolle Wirken kirchlicher Religionsfunktionäre und ihrer Vasallen in Staat und Gesellschaft näher eingehen, dürfen wir – auch zur Erinnerung – noch eine Vorbemerkung einfügen.

Seit nahezu 50 Jahren offenbaren sich erneut durch Prophetenmund der Ewige All-Eine Gott, der Schöpfergott allen Lebens, Sein Sohn, der Christus Gottes, der Mitregent des Reiches Gottes, und der Cherub der Göttlichen Weisheit, der Gesetzesfürst der dritten Grundkraft vor Gottes Thron, mitten in die heutige Zeit hinein. Seit nahezu 50 Jahren ist der Himmel offen. Das Reich Gottes neigt sich im Ewigen Wort den Menschen abermals zu, um sie zu rufen, sie aufzuklären und zu mahnen, aber auch davor zu warnen, was nach dem Gesetz von Ursache und Wirkung auf diese Welt und die Menschen zukommen wird.

In diesen geistig-göttlichen Offenbarungen wurden wir Menschen auch aufgeklärt über die Hintergründe dessen, was auf dieser Erde laufend an Grausamkeiten und Brutalitäten vonstattengeht, und welche Rolle dabei die Religionskulte spielten und spielen: Die materielle Schöpfung geht letztlich zurück auf den Abfall einiger ursprünglich reiner Geistwesen von Gott. Diese Wesen waren der Auffassung, sie könnten die Schöpfung besser gestalten als Gott, der Ewige, es tat. Weil alle Geistwesen von Gott den freien Willen haben, ließ der Ewige sie gewähren und gab ihnen sogar ein erhebliches Quantum an Energie mit, das jedoch nur geliehen ist.

In dem Buch „*Die Männerwelt gestern und heute – Die drei Eigenschaften des Vater-Mutter-Gottes und die Kapitulation des Satanisten*" ist dazu zu lesen:

„*Schon zu Beginn, gleich nach der Abkehr vom Ewigen Reich, begann die Problematik: Dabei wurden die drei Eigenschaften Gottes unterdrückt und die vier Elementarkräfte, die göttlichen*

Schöpfungs- und Schaffungskräfte der Ordnung, des Willens, der Weisheit und des göttlichen Ernstes, umgedreht und in ihr Gegenteil verkehrt, um die drei Eigenschaften Gottes weitgehend auszuschließen."

Und weiter heißt es: „*Die drei Eigenschaften Gottes, Geduld, Liebe und Barmherzigkeit, die vorwiegend dem weiblichen Prinzip zugeordnet sind, wurden bewusst abgelehnt.*"

Und an anderer Stelle erfahren wir in diesem Buch: „*Generell fällt es gerade dem männlichen Geschlecht schwer, die Wesenheiten der Sohn- und Tochterschaft Gottes, die drei Eigenschaften, das Wesen im Vater-Mutter-Gott, anzunehmen: Güte, Liebe und Sanftmut. Mit dreidimensionalen Worten heißen die drei Eigenschaften Gottes: Geduld, Liebe und Barmherzigkeit.*"

Und damit sind wir bei dem Thema: Der Mann im Spiegel der Gerechtigkeit. In dieser Welt ist die Lüge eine intellektuelle Bravour. Die Ordnung Gottes ist zur Unordnung geworden. In allen fünf Komponenten Fühlen, Empfinden,

Denken, Reden und Handeln ist immer eine Lüge anwesend. Die Mehrzahl der Menschheit kennt die vier Grundkräfte, gleich Wesenheiten Gottes: Ordnung, Wille, Weisheit und Ernst. Aus diesen vier Grundkräften, gleich Wesenheiten Gottes, sind im Fallgeschehen die fünf Komponenten entstanden, weil in allem, was die Menschheit aufzählt und erwähnt, beschreibt oder berichtet, unmerklich die Lüge anwesend ist. Sie ist die rechte Hand oder die linke Hand, der rechte Fuß oder der linke Fuß. Einerlei, was wir aufzählen, es ist immer die Lüge anwesend, denn sie ist der Fall aus dem ewigen Gesetz der sieben göttlichen ausgewogenen Kräfte der Liebe.

Die Liebe ist die Gottes- und Nächstenliebe in der Ordnung, im Willen, in der Weisheit Gottes, im Ernst, in Seiner Güte, Liebe und Sanftmut. Was hat die Menschheit aus diesen sieben göttlichen Kräften gemacht? Die Unordnung, den Eigenwillen gleich die Selbstsucht, den Intellekt gleich anstudiertes Wissen, was morgen schon nicht mehr gilt, weil es einen neuen Schlaumeier gab, der es angeblich besser wusste, bis zum nächsten Schlaumeier – und die Ernsthaftigkeit wurde zur Gleichgültigkeit allem gegenüber. Weiter geht es nicht mehr. Es wurde eingepackt in die allzumenschliche Selbstherrlichkeit.

Wer den Beweis dazu braucht, geht einmal Zeiten über Zeiten zurück, zum Abfall aus den sieben guten Ur-Kräften Gottes zu den nun selbst gezimmerten vier Verherrlichungskräften, eben Ab-Fall, vorwiegend des männlichen Geschlechts, wovon aber so manche Frau wohl einiges abbekommen hat.

Der Mann aber bleibt die vorsätzliche Kampfmaschine gegen die All-Weisheit Gottes. Seit Abraham vor ca. 4000 Jahren und schon weit vorher: immer nur Lüge, Kampf, Streit, Siechtum, Elend und Verzweiflung. Tagtäglich Mord und Totschlag, auch was die Natur und die Tiere anbelangt. Und wer waren die Hauptakteure? Männer, Männer – zum großen Teil: Männer. Natürlich sind auch Frauen mit von der Partie, die den Kampf anstachelten und Beifall klatschten aufgrund des kriegerischen Gebarens dieser

Monsterhelden. Wer ist in Wahrheit besser? Der Mann oder die Frau? Wer sind bis heute die Helden der Nation?

Vor dem Hintergrund dieser Vorbemerkung soll es also nun um das unheilvolle Wirken klerikaler Netzwerke und ihrer Vasallen in Staat und Gesellschaft gehen. Vergessen und am liebsten totgeschwiegen wird ja so manches in dieser Welt.

Auch zum Beispiel ein Satz, der schwarz auf weiß in den sogenannten Bibeln der Kirchen zu finden ist, er lautet: *„Täuscht euch nicht: Gott lässt Seiner nicht spotten. Denn was der Mensch sät, das wird er ernten."*

Ausgerechnet Talarträger, die sonst immer dieses Buch unter dem Arm tragen, erwähnen diesen Satz nur sehr ungern, und beherzigen tun sie ihn noch viel seltener. Stattdessen hüllen sie lieber die Widersprüche, in die sie sich selbst verwickeln, und ihr sonstiges Tun und Lassen, das in vielerlei Hinsicht mit den Zehn Geboten Gottes durch Mose und mit der Bergpredigt des

Jesus von Nazareth in Widerspruch steht, in den Nebel des „Geheimnisses". Sie sprechen dann mit bedeutungsvoller Miene vom angeblichen „Geheimnis Gottes".

Doch Gott, der Ewige, hat keine Geheimnisse vor uns Menschen. Und das Gesetz von Saat und Ernte, das der Mensch sich in seiner Abkehr von Gott letztlich selber geschaffen hat, bringt früher oder später alles an den Tag.

So könnte man sagen: Das Gesetz von Ursache und Wirkung lüftet irgendwann jedes sogenannte Geheimnis, und alles kommt ans Licht – bei manchem noch zu irdischen Lebzeiten, bei anderen später im Seelenreich, wenn alles offenbar wird, was gespeichert wurde durch unser Fühlen, Empfinden, Denken, Reden und Tun. Denn keine Energie geht verloren. Und dieses Gesetz ist absolut unbestechlich. Zufälle gibt es dabei nicht.

Das musste im Januar 2022 auch Joseph Ratzinger erfahren, vormals Papst Benedikt XVI., als er plötzlich im Mittelpunkt einer kritischen

Öffentlichkeit stand. In einem umfangreichen offiziellen Gutachten über die katholische Diözese München und Freising wurde festgestellt, dass Joseph Ratzinger dort vor Jahren als Erzbischof verantwortlich war, als Sexualverbrechen von Klerikern vertuscht wurden, und dass er gegenüber den Gutachtern falsche Angaben gemacht hatte. Für einen leitenden Religionsfunktionär, der acht Jahre lang selber als Papst einem Religionskonglomerat vorstand, deren Anführer sich traditionell zumindest in Lehrfragen für unfehlbar erachten, war dies offenbar nicht leicht zu verkraften.

Doch auch die Hochgestellten dieser Welt werden früher oder später mit den Folgen ihres Tuns und Unterlassens konfrontiert. Das gilt gerade auch für die Talarträger der verschiedensten Priesterkasten, die in ihren wechselnden Gewandungen im Verlauf der Jahrtausende immer wieder für grausame Tier- und auch Menschenopfer verantwortlich waren, die seit den Baalskulten der Antike zu ihren dämonisch inspirierten Geschäften gehörten. Bevorzugte

Opfer waren dabei häufig Frauen und Kinder – weil bei diesen die Kindschaftseigenschaften Gottes, von denen eingangs die Rede war, noch ausgeprägter sind.

Der ehemalige Pontifex Joseph Ratzinger war und ist als Mensch – und wohl auch als Seele – Abkömmling eines seit Jahrtausenden bestehenden multireligiösen Systems im Transfer des Götzengottes Baal, das bis in unsere Tage hinein immer wieder die Gottespropheten und Gottesprophetinnen verleumdete, verfolgte und dann totschwieg, nachdem es viele von ihnen zuvor brutal ermorden ließ.

Auf diese Weise versuchte das System der Gefolgsleute des Baal, den Menschen die authentischen Botschaften aus dem Ewigen Reich Gottes vorzuenthalten – auch indem es diese Botschaften nachträglich verfälschte und in ihr Gegenteil verkehrte, damit die Priester, die Gott, der Ewige nie eingesetzt hat, die Herrschaft und die Kontrolle über die Menschen aufrechterhalten konnten und können. Im ersten Teil dieser Sendefolge „Verleumdet und dann totgeschwiegen" wurde dies ausführlich beleuchtet und auch dargelegt, dass die Verantwortlichen sich für diese Verleumdungskampagnen und diabolischen Verleumdungsfeldzüge bis heute bei ihren Opfern nicht entschuldigt, geschweige denn eine Wiedergutmachung dafür geleistet haben.

Welche Rolle Joseph Ratzinger auch auf diesem Gebiet vermutlich spielte, darauf werden wir noch zurückkommen. Schon jetzt können wir festhalten: Verleumdet und totgeschwiegen – das Gesetz von Saat und Ernte, von Ursache und Wirkung holt jeden ein. Bei Joseph Ratzinger beginnt es offenbar noch zu Lebzeiten.

Mit großer Spannung wurde am 20. Januar 2022 in München die Veröffentlichung des erwähnten Gutachtens erwartet, das eine Münchner Anwaltskanzlei erstellt hatte. Darin geht es um die Sexualverbrechen von Priestern an schutzbefohlenen Kindern und Jugendlichen im Erzbistum München und Freising im Zeitraum von 1945 bis 2019 – sowie um das Verhalten ihrer klerikalen Vorgesetzten. In diesem Zeitraum hatten, so das Ergebnis, 235 Priester und andere hauptamtliche Kirchenangestellte sich an mindestens 497 Kindern und Jugendlichen sexuell vergriffen – und sie dadurch in vielen Fällen lebenslang seelisch schwer geschädigt. In Wirklichkeit dürften diese Zahlen allerdings noch um einiges höher liegen.

Sämtlichen in diesem Zeitraum amtierenden Kardinälen, Erzbischöfen, Generalvikaren und Kirchengerichtsvorsitzenden wurden von den Gutachtern – mehr oder weniger – Verfehlungen beim Umgang mit diesen Verbrechen vorgeworfen. In vielen Fällen wurden die Täter einfach weiterbeschäftigt, als ob nichts gewesen wäre. Hauptsache, es gibt keinen Skandal, und die Öffentlichkeit erfährt nichts davon – das war die Devise.

Die Aufmerksamkeit richtete sich dabei insbesondere auf den früheren Kardinal Joseph Ratzinger, den späteren Papst Benedikt XVI., der von 1977 bis 1982 an der Spitze des Bistums stand. Bereits im Jahr 2010 hatte die *New York Times* herausgefunden, dass im Jahr 1980, also genau in diesem Zeitraum, ein als Sexualstraftäter bekannter Priester aus dem Bistum Essen nach München geschickt worden war, um dort eine Therapie zu machen. Das Erzbistum München nahm ihn auf, setzte ihn aber schon wenig später wieder in der sogenannten Seelsorge ein, wo er dann bis zum Jahr 2018 weitere Dutzende von Kindern und Jugendlichen missbrauchte.

Und die Frage war nun: Was wusste Joseph Ratzinger, der Hauptverantwortliche des Bistums? Seit 2010, als er noch Papst war, hatten Kirchenvertreter immer wieder behauptet, der damalige Kardinal sei bei der entscheidenden Sitzung nicht dabei gewesen. Und auch Ratzinger selbst hatte dies noch in seiner Stellungnahme zu dem neuen Gutachten mehrfach beteuert.

Doch bei der Vorstellung des Gutachtens am 20. Januar wurde nun das fehlende Puzzle-Stück präsentiert: Ein Sitzungsprotokoll, das eindeutig belegte, dass Kardinal Ratzinger damals anwesend war. Einer der Anwälte formulierte es eher zurückhaltend: Er halte Ratzingers Angabe, er sei in dieser Sitzung nicht anwesend gewesen, für *„wenig glaubwürdig"*.

Andere wurden deutlicher. Der Kirchenrechtler Thomas Schüller etwa sagte dem *Redaktionsnetzwerk Deutschland*: *„Auf offener Bühne hat die Kanzlei Benedikt der Lüge überführt."*

Und die Buchautorin und ehemalige Nonne Doris Reisinger sagte der *Frankfurter Rundschau*: *„Wir wissen jetzt, dass Ratzinger bereit ist, öffentlich zu lügen, um sich seiner Verantwortung zu entledigen. Wie dreist oder wie verzweifelt muss man sein, um so etwas zu tun?"*

Als der ehemalige Papst dann einige Tage später verlauten ließ, es handle sich nur um ein Versehen, er sei bei der fraglichen Sitzung tatsächlich dabei gewesen, aber da sei es nur um die Unterbringung des priesterlichen Sexualverbrechers gegangen und um sonst nichts, da machte er alles noch viel schlimmer. Denn nun war endgültig klar: Er hatte sich zwar gerne als Papst bewundern und hofieren lassen, dachte aber nicht im Entferntesten daran, irgendeine Verantwortung für die negativen Auswirkungen der Vorgänge in den Bereichen zu übernehmen, für die er als leitender Religionsfunktionär eindeutig zuständig war.

Und wenn die Sitzung und die Verantwortung des späteren Papstes tatsächlich so bedeutungslos gewesen wären: Weshalb hatte dann sein damaliger Generalvikar Gerhard Gruber gegenüber den Anwälten gerade eben erst zugegeben, dass er seinerzeit zu der Aussage gedrängt worden war, er sei allein für die Personalie des Kinderschänderpriesters verantwortlich gewesen, um den damaligen Papst aus dem Schussfeld zu nehmen?

Ein Kommentator der *Frankfurter Rundschau* studierte die 82-seitige Stellungnahme Ratzingers zu dem neuen Gutachten und kam zu dem Schluss, dass der Ex-Papst *„im Kern bis heute nicht verstanden hat, was Missbrauch bedeutet, worin das Versagen der Kirche liegt und dass das Elend durch Leugnen und Bestreiten immer nur verlängert wird“*. Damit passe er genau hinein in *„ein skrupelloses, gewissenloses und herzloses System des Institutionen- und Täterschutzes ohne* jeden Sinn für die Opfer – von christlichen Glaubens- und Moralgrundsätzen einmal ganz zu schweigen". Dies zeige sich auch daran, dass Ratzinger in dieser Stellungnahme versucht habe, die Taten eines der verbrecherischen Priester dadurch zu relativieren, dass dieser seine Taten „nicht als Priester, sondern als Privatmann" begangen habe, und ähnliche Spitzfindigkeiten mehr.

Der angeblich so großartige Theologe, der immer den „Relativismus" der aus seiner Sicht „gottlosen Welt" geißelte, schwingt sich zum großen Relativierer auf, wenn es um sein persönliches Ansehen geht. Und die Priester, denen er – wie auch andere Theologen – eine besondere, fast übermenschliche Stellung zusprach, sind plötzlich ganz selbstverständlich sogar Menschen, die als Privatleute mitunter eben Verbrechen begehen. Was waren dann seine Äußerungen als Papst? Alles nur ein großer Bluff?

Und an die Folgen seines Tuns, an die vielen Opfer, denkt Joseph Ratzinger offenbar gar nicht. Denn hinter jedem Kinderschänder-

Priester, der nur versetzt und nicht aus dem Verkehr gezogen wird, stehen meist Dutzende weiterer Opfer, die jahre-, wenn nicht lebenslang unter den Übergriffen leiden, die oft beziehungs- oder arbeitsunfähig sind oder in Drogen flüchten. Viele von ihnen werden ein Leben lang von Gott, dem Ewigen, entfremdet, dessen Namen die Täter durch ihre Vergehen schändlich missbrauchten, was einem „Seelenmord" gleichkommt.

Das alles hängt aber als Energie nicht nur an den Tätern, sondern auch an den Komplizen und Vertuschern und wird früher oder später nach dem Gesetz von Saat und Ernte auf jeden Einzelnen von ihnen zurückkommen.

Leichter machen könnten die Verantwortlichen ihre Seelenschuld nur, wenn sie noch zu Lebzeiten die direkten oder indirekten Opfer ihres Tuns ehrlichen Herzens um Vergebung bitten würden – und zwar nicht nur mit den üblichen formelhaften allgemeinen Betroffenheits-Bekundungen, sondern möglichst direkt, von Angesicht zu Angesicht. Davon kann aber in den allermeisten Fällen bisher keine Rede sein. Und von einer angemessenen Wiedergutmachung wird im besten Fall jahrelang gesprochen, stattgefunden hat sie auch nach Jahrzehnten nicht.

So bleibt als Fazit: Misshandelt, missbraucht und totgeschwiegen – wo bleibt die echte persönliche Entschuldigung?

Es ist fraglich, ob Joseph Ratzinger die Widersprüchlichkeit, ja Lügenhaftigkeit, die er in seinen Aussagen nun vor aller Welt demonstriert hat, in diesem Leben noch ändern kann. Der Kirchenrechtler Thomas Schüller meint: *„Joseph Ratzinger verstrickt sich immer mehr in sein Lügengebilde."*

Und da hilft es auch nichts, wenn er am Tag der Veröffentlichung des Gutachtens verlauten lässt, er *„erneuere seine persönliche Nähe und sein Gebet für alle Opfer"* der Missbrauchsfälle. Wie diese Opfer wohl gefühlsmäßig reagieren, wenn ihnen ein Vertreter der Täterorganisation seine „Nähe" anbietet? Und wer erhört wohl die

Gebete und steht mit jemandem im Bunde, der diese Opfer zuvor im Stich gelassen hat?

Und so mancher wird sich fragen: Wem kann man noch Glauben schenken, wenn selbst ein Bischof und Papst so offenkundig die Unwahrheit sagt und nach immer neuen Ausreden sucht?

Reiht sich der pensionierte Papst Joseph Ratzinger damit nicht ein in die lange Reihe der Päpste, die jeweils auf ihre Weise zu Übertretern der irdischen Gesetze wurden? Da gab es Kriegstreiber-Päpste, Völkermord-Päpste, Leichenschänder-Päpste, Judenhasser-Päpste, Ausmerzungs-Päpste und weiteres mehr.

Vor allem aber fragen sich jetzt wieder viele: Wenn es in den Details schon so viele Lügen gibt, wie sieht es dann bei den bis heute kirchlich gültigen Dogmen und päpstlichen Lehrverkündigungen aus? Ist nicht die sozusagen amtlich aufgedeckte Detail-Lüge im Fall des Kardinals Joseph Ratzinger auch ein Symbol für den größten Etikettenschwindel des Papsttums?

Da lassen sich Religionsfunktionäre als angebliche „Stellvertreter Christi" bezeichnen – obwohl doch Jesus, der Christus, nie einen Stellvertreter eingesetzt, nie eine Kirche gegründet, nie Priester, Bischöfe, Kardinäle oder gar Päpste ernannt hat! Wessen Interessen vertritt dann der Papst auf Erden? Wessen Stellvertreter ist er? Schauen wir doch einmal in den Bibeln der Kirche nach, was Jesus von Nazareth zu den Priestern Seiner Zeit sagte: *„Ihr habt den Teufel zum Vater und ihr wollt das tun, wonach es euren Vater verlangt. Er war ein Mörder von Anfang an. Und er steht nicht in der Wahrheit; denn es ist keine Wahrheit in ihm. Wenn er lügt, sagt er das, was aus ihm selbst kommt; denn er ist ein Lügner und ist der Vater der Lüge."*

Damit hat Jesus, der Friedefürst, klar ausgedrückt, wer hinter den Priesterkulten steht, die die Menschen zu allen Zeiten davon abhalten wollten und wollen, Gott, den Ewigen, in sich selbst zu suchen und zu finden.

Die baalistischen Religionskulte der Welt, die den Namen Gottes, des All-Einen, und teilweise auch den Namen des Christus Gottes, des Mitregenten des Reiches Gottes missbrauchen, betreiben damit reinen Etikettenschwindel, um ihre Hörigen in die Irre zu führen.

Denn – um es zum wiederholten Mal zu sagen – Gott, der Ewige, hat niemals eine Religion gegründet. Er braucht keine Priester, denn Er ist mit Seiner Kraft und Güte in jeder Seele und in jedem beseelten Menschen zu Hause. Jedes religiöse Regime, das auf einem Etikettenschwindel aufgebaut ist, wird früher oder später in sich zusammenfallen. Denn jeder weiß: Die Wahrheit ist auf Dauer stärker als jede Lüge. Und je mehr Menschen das in sich erfassen, desto rascher wird das Regime ein Ende haben.

Der, den Jesus von Nazareth als den „Vater der Lüge" bezeichnet hat, und sein jeweiliger Stellvertreter auf Erden sind also nur eine Momentaufnahme. Und sie sind gleichzeitig immer nur die Spitze eines Eisbergs. Und was ist unter der Spitze des Eisbergs? Wer lauert dort? Zum Beispiel jede Menge weiterer Bischöfe, die ebenfalls vertuscht haben.

Ob Michael von Faulhaber, Julius Döpfner oder Friedrich Wetter – im Münchner Gutachten werden weitere prominente Münchner Kardinäle aufgeführt, jeweils mit der Anzahl der Fälle, in denen sie den pädophilen Tätern weitere Untaten ermöglicht haben.

Im Raum Trier waren es Bischof Stephan Ackermann, der heutige Münchner Kardinal Reinhard Marx und der Limburger Bischof Georg Bätzing, zuvor Generalvikar in Trier, die im Dezember 2021 in einem großen Artikel des *Spiegel* genannt wurden, weil sie gegenüber übergriffigen Priestern nicht oder erst zu spät aktiv geworden seien. Überschrift: *„Das Schweigen der Hirten – die ungesühnten Verbrechen im Bistum Trier".*

Oder nehmen wir das Erzbistum Köln. Hier vertuschte Kardinal Joachim Meisner über viele Jahre die Verbrechen von Priestern, die er in einem Aktenordner mit dem zynischen Titel „Brüder im Nebel" sammelte. Öffentlich behauptete er später, nichts davon geahnt zu haben. Sein Personalleiter und späterer Generalvikar Stefan Heße, heute Bischof von Hamburg, wurde ebenfalls beschuldigt, in mindestens einem Fall ein Sexualverbrechen vertuscht zu haben, während der heutige Kardinal Rainer Maria Woelki für juristische Beratung wesentlich mehr Geld ausgab als für die Entschädigung von Missbrauchsopfern. Vergessen und totgeschwiegen – wo bleibt die Entschuldigung – und vor allem die Wiedergutmachung?

Die Rücktrittsangebote von Kardinal Marx und Bischof Heße nahm Papst Franziskus allerdings nicht an – möglicherweise mit Rücksicht auf seine eigene Vergangenheit. Als Erzbischof von Buenos Aires in Argentinien hatte er nämlich für einen bekannten Priester, der des mehrfachen Missbrauchs angeklagt war, eigens ein umfangreiches Verteidigungs-Gutachten anfertigen lassen – was aber nichts nützte. Die Beweise waren zu eindeutig, der Priester kam ins Gefängnis. Als dann mehrere Missbrauchsopfer in seiner Stadt ihn, den späteren Papst, um ein Gespräch baten, stellte er sich taub.

Und was seinen Vorgänger als Papst angeht, Joseph Ratzinger: Auch für diesen war sein Verhalten im Erzbistum München nur die Spitze eines Eisbergs. Denn im Jahr 1982 wechselte er nach Rom und wurde dort Präfekt der sogenannten Glaubenskongregation, der Nachfolge-Behörde der „mörderischen Inquisition" des Mittelalters, die heuchlerisch sogar „Heilige Inquisition" genannt wurde. Und dort, bei dieser Glaubenskongregation, fielen 24 Jahre lang alle Berichte über Sexualverbrechen von Klerikern weltweit in den unmittelbaren Zuständigkeitsbereich des ehemaligen Münchner Erzbischofs. Denn nach einer Regelung von 1962, die Joseph Ratzinger selber im Jahr 2001 noch einmal bekräftigte, mussten all diese Verbrechen direkt nach Rom gemeldet werden und unterlagen dem sogenannten „päpstlichen Geheimnis". Was gleichzeitig unausgesprochen bedeutete, dass sie so gut wie nie den jeweiligen staatlichen Strafverfolgungsbehörden mitgeteilt wurden.

Wenn ein besorgter Bischof in Rom anfragte, ob man gegen einen solchen Priester nicht wenigstens ein innerkirchliches Verfahren einleiten sollte, so erhielt er meist monatelang keine Antwort. Und wenn dann doch ein Verfahren lief, so genügte bisweilen ein selbstmitleidiger Brief des Täters, und es wurde wieder eingestellt. Und was bedeutet „innerkirchliches Verfahren"? Die Höchststrafe – selten genug ausgesprochen – bedeutet, dass der Täter aus dem Priesterstand entlassen wird. Hinter Schloss und Riegel kommt also keiner der Verbrecher im Talar.

Und um die Opfer der Verbrechen geht es dabei überhaupt nicht: Sie erhalten nicht einmal Akteneinsicht, können auch nicht als Nebenkläger auftreten. Sie sind bestenfalls als „Zeugen" geduldet. Wenn also in Gutachten und Medienberichten ständig von solchen Kirchenprozessen die Rede ist, so ist das im Grunde ein Ablenkungsmanöver: Es wird davon abgelenkt, dass eigentlich all diese Verbrechen unverzüglich den staatlichen Behörden übergeben werden müssten.

Und an dieser dreisten Ablenkung beteiligte sich auch Papst Franziskus, als er am Tag der Veröffentlichung des Münchner Gutachtens stolz verlauten ließ, die Kirche werde *„mit besonderer Aufmerksamkeit und Strenge die vorgesehene kanonische Gesetzgebung"* anwenden. Und das werde die Kirche *„mit der Hilfe Gottes vorantreiben".*

Damit kann er nur den katholischen Konfessionsgott gemeint haben. Denn wer deutlich macht, dass eine staatliche Justiz für ihn gar nicht existiert, der vertritt nicht die Lehre des Jesus von Nazareth, der sagte: *„Gebt dem Kaiser, was des Kaisers ist, und Gott, was Gott gebührt."*

Und was heißt das genau: *„das kanonische Recht vorantreiben"*? Wenn man sich das einmal vorstellt: Der Präfekt der Glaubenskongregation ist für alle Verbrecher zuständig. Alles läuft über seinen Schreibtisch – Tausende von Fällen. Doch gegen die Verbrecher – vielfach Wiederholungstäter – wird kaum oder nur zögerlich ermittelt, die Opfer werden kaum gehört, erhalten kaum Unterstützung, geschweige denn angemessene Entschädigung.

Viele der Täter können einfach weitermachen – was kommt da an Ursachen zusammen? Wenn man da an das Gesetz von Ursache und Wirkung denkt, kommen einem unwillkürlich für viele der Vertuschungs- und Totschweige-Täter in Kirche und Staat die überlieferten Worte in den Sinn: Es wäre besser, sie wären nicht geboren.

Man macht sich selten klar, was so ein Missbrauch bedeutet. Das Magazin *Report München* befragte Mitte Januar 2022 zwei ältere Menschen, die als Kinder in einem katholischen Heim über Jahre unfassbares Leid erdulden mussten. Der Mann erzählte, er sei immer wieder stundenlang in ein Wasserfass gesteckt worden, in dem er unter dem verschlossenen Deckel nur wenige Zentimeter zum Atmen hatte. Dadurch machte man ihn gefügig, denn er wurde, wie auch die Frau in der Reportage, immer wieder in der weiteren Umgebung an verschiedene Geistliche

„weitergereicht" und dort vergewaltigt. Der Frau wurde immer wieder gedroht: *Wenn du nicht mitmachst, kommst du in den Sarg und wirst verheizt.* Bis heute hat sie Albträume und fürchtet unwillkürlich die Teufel, vor denen ihr Angst gemacht wurde, wenn sie ihren Peinigern nicht zu Willen war. *„Ich krieg's nicht aus dem Kopf raus",* sagte sie unter Tränen in die Kamera. Am schlimmsten war für beide, dass ihnen jahrelang niemand geglaubt hat. Der Mann erzählt, dass er, als er mit 21 Jahren volljährig wurde, bei der Polizei Anzeige erstatten wollte. Doch die Beamten, so berichtet er, stießen ihn einfach die Treppe hinunter.

Ähnliches geschah einem Mann, der als Kind im Ruhrgebiet von eben jenem Pfarrer Peter H. mehrfach vergewaltigt worden war, der später im Raum München sein Unwesen trieb. Erst Jahrzehnte später fand er die Kraft, zu reagieren. Er schrieb an die Diözese München, er wolle entschädigt werden, sonst würde er die Untaten des Priesters öffentlich machen. Darauf schicke ihm der für Kirchenrecht zuständige Kirchenbeamte Lorenz Wolf die Polizei auf den Hals – wegen angeblicher Erpressung –, die dann umgehend seine Wohnung durchsuchte. Erst als sich herausstellte, dass er tatsächlich ein Verbrechens-Geschädigter ist, ließ die Polizei wieder von ihm ab. Der Täter wurde daraufhin endlich aus seiner Pfarrei abgezogen. Denn Skandale will man ja vermeiden – Verbrechen allerdings weniger, wie die Praxis zeigt, Verbrecher vielfach nur an andere Orte zu versetzen, wo sie sich neue Opfer suchten.

So könnte man sagen: Misshandelt, verleumdet – und totgeschwiegen! Die unzähligen Missbrauchsverbrechen wurden vertuscht, die Täter geschützt und ihnen dadurch weitere Verbrechen ermöglicht. Der Staat schaut sowieso weg. Und wo bleibt bis heute die persönliche Entschuldigung? Wo bleibt vor allem auch eine angemessene Wiedergutmachung?

Was kommt uns hier entgegen? Man könnte sagen: Menschenverachtung und Betrug. Und die Völker der Erde, die sich immer noch von hohlen Phrasen beeindrucken lassen, bezahlen für diese ekelhaften Verbrechen auch noch durch milliardenschwere Steuersubventionen für die Kirchen, welche von kirchengeneigten Politikern zum Schaden der anständigen Bürger letztlich dem Gemeinwohl weggenommen werden, nicht zuletzt oft um ihrer eigenen Karriere willen.

Doch verantwortlich dafür, dass die Sexualverbrechen durch Kleriker und deren Vertuschung kein Ende nehmen, sind auch die Justiz und die Politiker. Der Publizist Jürgen Todenhöfer schrieb dazu auf Facebook: *„Wer sexuellen Missbrauch von Kindern vertuscht, Täter schützt und lügt, um Ermittlungen zu verhindern, gehört ins Gefängnis und dann in die Hölle. Auch, wenn er mal Papst war.“*

Wobei es Jürgen Todenhöfer offen lässt, ob er wirklich an eine katholische Hölle glaubt – oder ob er nicht vielmehr das Gesetz von Saat und Ernte meint, das einen solchen Täter im Jenseits zwangsläufig erwartet, ähnlich wie es Jesus von Nazareth – der Überlieferung der Bibeln nach –

andeutete, als Er sagte: *„Wer einem von diesen Kleinen ein Leid antut, für den wäre es besser, er würde mit einem Mühlstein um den Hals im Meer versenkt."*

Viele Menschen fragen sich tatsächlich: Müsste Joseph Ratzinger jetzt nicht hinter Gitter? Viele Opfer der Vertuschung wären wahrscheinlich dafür, dass der ältere Herr in weißen Gewändern auch strafrechtlich zur Rechenschaft gezogen würde, für all die Opfer, denen aufgrund seiner Politik des Vertuschens lebenslanges teilweise schwerstes Leid aufgebürdet wurde.

Aber nicht nur er: Warum sitzen nicht zahlreiche Täter, Mittäter und Gehilfen hinter Gittern? Und weshalb gibt es zum Beispiel keine Durchsuchungen und Beschlagnahmungen der bestimmt tausendfach bei den Bistümern und im Vatikan vorhandenen Verbrecherakten und Beugehaft etwa für Bischöfe oder andere Offizielle, die sich weigern, Akten mit den Namen der kirchlichen Schwerverbrecher herauszugeben?

Das wäre doch das Mindeste in einer Demokratie, die diesen Namen zu Recht beansprucht. Oder verhindert das vielleicht erfolgreich der Filz von Staat und Kirche?

Keinem anderen Unternehmen mit solch einer Expertise in Verbrechen über Jahrzehnte, wenn nicht gar über Jahrhunderte, würde man selbst die Entscheidung überlassen, ob es seine Verbrecher decken, die Verbrechen vertuschen und die Akten verstecken will, oder ob die Verbrecher den Strafverfolgungsbehörden gemeldet und die Akten übergeben werden. Bei jedem anderen Konzern, Syndikat oder Verein wären da sofort der Staatsanwalt und die Polizei zur Stelle.

Stimmen, die das fordern, gibt es durchaus. *„Was nützen die ganzen Studien, wenn nichts passiert?"*, das fragt zum Beispiel der Kriminologe Prof. Christian Pfeiffer. Und er fragt weiter: *„Wieso gab es seit 2010 nicht zahlreiche Hausdurchsuchungen in deutschen Bistümern zu den Inhalten der sogenannten Giftschränke? Wieso leiteten Staatsanwälte keine polizeilichen Ermitt-*

lungen gegen Bistümer ein? … Ich fürchte, die deutsche Justiz ist mit den Kirchen so umgegangen, wie man eine Kirche betritt – leise, respektvoll, auf Zehenspitzen. Diese Leisetreterei muss aufhören!"

Zu diesen Leisetretern gehörten aber auch zahlreiche Richter. Vor dem Prozess, der 1986 in München gegen den erwähnten Sexualverbrecher Pfarrer Peter H. stattfand, hatte der im Münchner Gutachten mehrfach gerügte Generalvikar Gerhard Gruber schriftlich vermerkt, der zuständige Richter sei *„praktizierender Katholik".* Und weiter: *„Es besteht die begründete Hoffnung, dass alle Beteiligten jedes Aufsehen in der Öffentlichkeit vermeiden werden."*

Die Frankfurter Rundschau kam in einem Kommentar zu dem Schluss, man könne bei der bayerischen Justiz *„mit Fug und Recht von einem behördlich-klerikalen Komplex sprechen, der die ‚Brüder im Nebel' beließ"* – eine Anspielung auf die erwähnte Geheimakte von Kardinal Meisner. Und zu diesem Verschwörungskomplex gehörte ohne Zweifel auch der ebenfalls schon erwähnte Kirchenrichter Lorenz Wolf, bei dem sich den Gutachtern „*der Eindruck aufdrängte, dass für ihn die Interessen der … beschuldigten Priester gegenüber denen der … Geschädigten im Vordergrund standen*". Wobei der Kirchenvertreter Wolf gleichzeitig bis dahin auch noch der Vorsitzende des Bayerischen Rundfunkrats war.

Der „behördlich-klerikale Komplex" umfasst also offenbar auch die Medien und die Politik. Und daraus ergibt sich die Frage: Warum hat der Staat nicht eingegriffen? Sind die kirchengeneigten Politiker und Wirtschaftseliten nicht ebenfalls mit schuld am Leid der Missbrauchsopfer? Ist hier nicht das Wegschauen ein Grundprinzip der Verantwortlichen in Staat und Gesellschaft?

Auch hier fehlt es nicht an kritischen Stimmen. „*Nach Auffassung des Strafrechtsprofessors Holm Putzke*", so die Frankfurter Rundschau, „*sollten die Kirchen, in denen Missbrauch eine ,Never-Ending-Story' zu sein scheint, juristisch behandelt werden wie die Organisierte Kriminalität*". „*Der Staat sollte*", so Putzke weiter, „*alle*

Kindertagesstätten und Schulen unter Beobachtung stellen, bei denen es eine Trägerschaft der katholischen Kirche gibt, oder sogar über einen Entzug der Trägerschaft nachdenken". Und die Plattform t-online.de forderte: *„Die katholische Kirche muss ihren Status als Körperschaft des öffentlichen Rechts mit eigener Gerichtsbarkeit verlieren."*

Denn nur für den traditionell originären Glaubensbereich steht der Kirche von Verfassung wegen ein eigenes Selbstverwaltungsrecht zu. Und ob nach unserer Verfassung und unserer Rechtsordnung schwerste Kirchenverbrechen wie Folter, Missbrauch, Vergewaltigung von kleinen Kindern und Jugendlichen zu dem traditionell originären Glaubensbereich der Kirche gehören, das kann mit Fug und Recht bezweifelt werden. Und das gilt uneingeschränkt auch dann, falls dies über Jahre, Jahrzehnte oder Jahrhunderte von der Kirche anders gehandhabt wurde. Denn auf ein Gewohnheitsrecht zur straflosen Begehung schwerster und abscheulichster Kinderschänderverbrechen könnte sich die Kirche in einem demokratischen Rechtsstaat wie Deutschland nicht mit Erfolg berufen.

Man darf gespannt sein, ob es Politiker gibt, die es wagen werden, den jahrhundertealten Sumpf von Kirche und Staat endlich trockenzulegen und in die Tat umzusetzen, was längst in der Verfassung steht, dass es nämlich keine Staatskirche gibt, und auch die Kirchenprivilegien abzuschaffen, einschließlich milliardenschwerer Subventionen des Steuerzahlers an die Kirchen. Die Kirche hält dagegen – mit der ebenfalls jahrhundertealten Lehre von den zwei Schwertern, wonach das geistige Schwert der Kirche über dem weltlichen Schwert des Staates steht, im Klartext: Der Staat hat sich der Kirche zu unterwerfen.

Und in vielerlei Hinsicht haben wir diesen Zustand noch: Wenn die Praxis zum Beispiel immer noch so aussieht, als ob das Recht und Gesetz der Kirche, einschließlich der Kirchenverbrechen, über der Verfassung und dem Recht des Staates steht.

Wo unsere Politiker stehen, das sieht man schon daran, wie viele von ihnen Jahr für Jahr nach Rom pilgern, um vor dem letzten absoluten Monarchen Europas in einer Privataudienz vorsprechen zu dürfen. Ob die damalige Bundeskanzlerin Angela Merkel, ob deutsche Ministerpräsidenten wie Markus Söder aus Bayern, Winfried Kretschmann aus Baden-Württemberg, Bodo Ramelow aus Thüringen, Stephan Weil aus Niedersachsen, Reiner Haseloff aus Sachsen-Anhalt, Malu Dreyer aus Rheinland-Pfalz, Volker Bouffier aus Hessen oder die EU-Kommissionspräsidentin Ursula von der Leyen aus Brüssel – alle machen sie gehorsam ihre Aufwartung und huldigen dem Papst, trotz hunderttausender aufgedeckter abscheulichster Verbrechen aus dem Dunstkreis der Papstkirche, und auch wenn gleichzeitig schon längst Massen von Gläubigen das sinkende Schiff der Kirche verlassen.

Denn das Gewissen der sogenannten einfachen Bürger scheint durchaus noch intakt zu sein. Unmittelbar nach der Veröffentlichung des

Missbrauchsgutachtens traten so viele Menschen aus der Kirche aus, dass in mancher deutschen Stadt das Standesamt oder Amtsgericht personell aufgerüstet werden musste.

Es werden aber nicht nur die Bischöfe und Kardinäle, die jetzt verschiedener Vergehen überführt wurden, direkt vom Staat bezahlt, sondern auch die Beamten, die den Kirchenaustritt verwalten müssen. Der Steuerzahler, jeder Bürger muss also auch noch dafür bezahlen, dass Menschen einer Organisation entkommen können, die mit kriminellen Handlungen massivst belastet ist. Wer hat das so angelegt? – Die Lehre der zwei Schwerter lässt grüßen.

Wie wäre es, wenn die zahlreichen Politiker bei ihren Besuchen in Rom einmal das aufgreifen würden, was Matthias Katsch, ein Sprecher der vom Missbrauch Betroffenen, laut dem Magazin *Spiegel* gefordert hat: Der Papst solle „*die Archive der Glaubenskongregation öffnen und die brisanten Missbrauchsunterlagen von einer unabhängigen Instanz analysieren … lassen*".

Dann hätte sich so ein Besuch wenigstens einmal gelohnt.

Im Jahr 2011 wurde dem damaligen Papst Joseph Ratzinger sogar im Deutschen Bundestag gehuldigt, wo er eine Rede halten durfte, und auch im Berliner Olympiastadion, wo er eine Messe zelebrierte und die großenteils nichtkatholischen Abgeordneten des Bundestages ganz offen mit der ewigen katholischen Hölle bedrohte, falls sie nicht katholisch werden oder katholisch bleiben – und das im dritten Jahrtausend!

„Eines von beiden kommt der Rebe zu, entweder der Weinstock oder das Feuer; wenn sie nicht im Weinstock ist, wird sie im Feuer sein." So zitierte der damalige Papst seinen Lieblingstheologen Augustinus, der mit dem Weinstock die Kirche gemeint hatte – ganz im Gegensatz zu Jesus von Nazareth, der weder eine Kirche gegründet noch eine ewige Hölle gelehrt hat.

Das damalige Priester-System sorgte durch Lügen und Verleumdungen dafür, dass Jesus von Nazareth, der größte Gottesprophet, von den Schergen des damaligen Pontifex Maximus, des römischen Kaisers, brutal ermordet wurde – so wie die Priesterkaste zu allen Zeiten, vor Jesus von Nazareth und nach Ihm, alle Gottesprophetinnen und Gottespropheten verleumdet hat und zahlreiche von ihnen grausam ermorden ließ. Die Friedenslehre der Bergpredigt, die Jesus, der Christus, brachte, wurde von der Priesterkaste zunächst totgeschwiegen und dann in ihr Gegenteil verkehrt.

Und wie ist es heute? Heute betätigte sich ein anderer späterer Pontifex Maximus als Schirmherr der pädophilen Priester, der zu allen Informationen Zugang aus erster Hand hatte und die Verbrecher im Priestergewand trotzdem dem Zugriff der staatlichen Justiz vorenthielt. Und vorher war er auch über Jahrzehnte der Präfekt der katholischen Inquisition. Und diese Inquisitionsbehörde, die heute nur einen anderen Namen trägt, nämlich Glaubenskongregation, stand letztlich auch hinter der Verfolgung des Prophetischen Wortes in unserer Zeit.

Ende der 70er Jahre des 20. Jahrhunderts bildeten sich im deutschsprachigen Raum erste kleine Gemeinschaften von Menschen, die das Wort Gottes durch Prophetenmund zu hören begannen. Gott sprach und spricht in unserer Zeit zu uns durch Gabriele, die Prophetin und Botschafterin Gottes. Im Jahr 1978 war auch gerade der polnische Papst Johannes Paul II. ins Amt gekommen. Und er fragte bei Joseph Ratzinger an, der gerade erst seit eineinhalb Jahren Erzbischof von München war, ob dieser nicht als Präfekt die Glaubenskongregation, eben die Nachfolgebehörde der Inquisition, leiten wolle. Ratzinger erbat sich zunächst noch Bedenkzeit. Drei Jahre später wurde die Aufforderung des Papstes dann stärker – wörtlich: *„Jetzt muss ich Sie aber unbedingt haben!"* Was war inzwischen geschehen?

Im November 1980 hatte ein Brief aus Würzburg den Vatikan erreicht. Durch das Prophetische Wort teilte der Cherub der göttlichen Weisheit dem Papst mit, Christus, der Herr, wolle über das Wort Seiner Prophetin mit ihm, dem Papst, in Verbindung treten, so wörtlich, *„um aus dieser verweltlichten Kirche noch zu retten, was zu retten ist und mit Dir eine Kirche des Inneren aufzubauen".*

Nachdem auf diesen und weitere Briefe an alle Bischöfe im deutschsprachigen Raum – auch an den von München – keine Reaktion erfolgt war, begannen im Jahr 1981 einige Nachfolger des Jesus von Nazareth damit, öffentliche Vorträge über die blutige Vergangenheit und die unchristliche Gegenwart der Kirchen zu halten. Und im Dezember 1981 offenbarte sich wiederum der Cherub der göttlichen Weisheit mit einer Botschaft *„an die freie Christenheit",* die im deutschsprachigen Raum verteilt wurde. Darin ging der Himmelsfürst unter anderem auf das Gesetz von Ursache und Wirkung ein: Alles, was aus der Vergangenheit nicht erkannt und gesühnt ist, das bleibt gegenwärtig.

Am 25. November 1981, also fast zeitgleich mit dieser Offenbarung, hatte Papst Karol Wojtyla Joseph Ratzinger zum neuen Chefinquisitor ernannt. Am 1. März 1982 trat er sein neues Amt an. Welch eine Berufung, welch eine Beförderung: vom Chefideologen der Kirche zum Chefinquisitor, zum Nachfolger der bluttriefenden Menschenverächter.

Doch weshalb hatte es der polnische Papst im Jahr 1981 plötzlich so eilig? Weshalb wurde ausgerechnet Joseph Ratzinger nach Rom geholt – ein Deutscher? Aus dem Land, sogar aus demselben Bundesland, aus dem das Wort Gottes durch eine Gottesprophetin erneut in die Welt getragen wurde? Nur, um sich um die kinderschänderischen Priester weltweit zu kümmern? Nur, um weltweit Theologen mit abweichenden Meinungen mit Schreibverbot zu belegen und aus dem Verkehr zu ziehen? Oder auch, um die moderne Inquisition auf einen neuen Höhepunkt zu treiben? Alles nur Zufall? – Bitte urteilen Sie selbst!

Welche Rolle der neue Inquisitions-Präfekt in den darauffolgenden Wochen, Monaten und Jahren genau spielte, welche Fäden er aus dem

Hintergrund zog, kann man nur erahnen. Die Inquisition hat traditionell lange Finger und einen umfangreichen Apparat zur Verfügung. Auch in diesem Punkt würde eine Öffnung der vatikanischen Archive sicher Erhellendes zutage fördern.

Die ersten verleumderischen Angriffe auf das Prophetische Wort erfolgten jedenfalls umgehend im Sommer 1982. Im *Katholischen Sonntagsblatt* Würzburg erschienen erste Verleumdungsartikel, und die ersten Hetzschriften eines katholischen Adeligen, der im Auftrag des Würzburger Bischofs stand, wurden unters Volk gebracht.

Die Lügenmeinungen, die da verbreitet wurden, waren anfangs noch stark auf das katholische Publikum zugeschnitten. Sogenannte „häretische Abweichungen" vom Glauben zu bekämpfen, gehört seit Jahrhunderten zum „Kerngeschäft" der früher sogenannten „Heiligen Inquisition". Als man erkannte, dass sich die Botschaften des Gottesgeistes immer weiter verbreiteten, erfolgte im März 1984 ein bemerkenswerter Schritt: Die Würzburger Domschule lud zu einer Tagung über sogenannte „Sekten" ausgerechnet den lutherischen Inquisitionsexperten Pfarrer Friedrich Wilhelm Haack aus München ein, der über gute Pressekontakte verfügte.

Man muss dazu wissen, dass die heute vielbeschworene „Ökumene" damals noch weitgehend ein Fremdwort war. Für einen solchen Schritt brauchte der Würzburger Bischof unbedingt Rückendeckung aus Rom – wenn nicht die Fäden sogar von dort gezogen wurden. Ähnliches gilt für die gemeinsamen „Erklärungen" des katholischen und des lutherischen Dekans in Würzburg, die 1985 und 1988 zweimal mit kirchlichen Meinungslügen und theologischen Verdrehungen an die Öffentlichkeit gingen.

Die Lutheraner nahmen die Einladung gerne an. Denn seit Martin Luthers Zeiten gehört auch für sie die gnadenlose Verfolgung von Glaubensminderheiten zu ihrem religiösen Selbstverständnis. Früher verfolgte man zum Beispiel die Täufer, in unseren Tagen die Nachfolger des

Jesus von Nazareth, die auf das Prophetische Wort hörten. Sogenannte „Sektenbeauftragte" beider Konfessionen hetzten mit ihren Lügenmeinungen nicht nur große Teile der Massenmedien, sondern auch Staat und Behörden gegen die Urchristen auf. Verleumdet und dann totgeschwiegen.

Kaum eine größere Sünde wurde im 20. Jahrhundert von den Vertretern der Kirchenkonglomerate begangen, als diese – weil sie unzähligen Menschen das Wort Gottes vorenthalten haben, mit allen sich daraus ergebenden Konsequenzen. Ihre Seelen werden wohl für lange Zeiträume unsäglich zu leiden haben. Was der Mensch sät, das wird der Mensch ernten.

Ja, wo bleibt die Entschuldigung von Joseph Ratzinger und seinesgleichen für die Verleumdungen und Verfolgungen, für die Medienhetzjagd, für die Ausgrenzung von unzähligen unbescholtenen Bürgern? Die Prophetin Gottes verleumdet und das Wort des Ewigen totgeschwiegen! Spätestens als Chefinquisitor – früher auch Großinquisitor genannt – war Joseph Ratzinger kraft Amtes der Chef der Hetzkampagne gegen das Wort Gottes und die Nachfolger des Jesus von Nazareth.

Während in seinem Zuständigkeitsbereich im Vatikan die Akten von Hunderttausenden von Kinderschänderverbrechen in den Geheimarchiven verschwanden, um ein riesengroßes Netzwerk von klerikalen Schwerverbrechen vor der Öffentlichkeit zu verbergen, bewarfen kirchliche Inquisitoren unter der Schirmherrschaft des Großinquisitors Ratzinger mit nicht zu überbietender Scheinheiligkeit gleichzeitig die Prophetin Gottes und viele weitere unbescholtene Bürger jahrzehntelang mit ihrem klerikalen Schmutz.

Joseph Ratzinger sah sich selber als „Mitarbeiter der Wahrheit". Dies war sein Motto als Bischof. Zu der Frage, wie er es wirklich mit der Wahrheit hielt, haben wir gerade einiges an Material zusammengestellt. Nach eigener Aussage hatte er bei diesem zweifelhaften Umgang mit der Wahrheit auch unsichtbare Helfer. In einem seiner Bücher schrieb er: *„Ich rufe auch die Heiligen an. Ich bin mit Augustinus, mit Bonaventura, mit Thomas von Aquin befreundet. Man sagt dann auch zu solchen Heiligen: ‚Helft mir!‘"*

Es handelt sich hier um drei Kirchenheilige, die nicht nur die Lehre des Jesus von Nazareth in ihr Gegenteil verkehrten, sondern die auch Andersdenkende mit großem Fanatismus verfolgten. Wird Joseph Ratzinger am Ende genau so ein Kirchenheiliger? Kenner der verbrecherischen Kirchengeschichte warten schon darauf, dass es heißt: Jetzt aber los mit der Seligsprechung, am besten schon zu Lebzeiten mit den Vorbereitungen beginnen. In der illustren Runde der kirchlich Seligen und Heiligen wäre er doch in entsprechend vertrauter Umgebung. Dort kann er dann, wie sein Freund Thomas von Aquin es allen Kirchenheiligen versprach, vom katholischen angeblichen Himmel aus auch die Qualen der auf ewig Verdammten vollkommen schauen. Also: Folterkeller und Geisterbahn bis in alle Ewigkeit?

Was für eine Gesellschaft wäre das? Der französische Aufklärer Claude Helvetius sagte über die Kirchenheiligen: *„Liest man ihre Heiligenlegenden, so findet man die Namen von tausend heiliggesprochenen Verbrechern."*

Wir sehen schon: Es geht hier nicht um eine Person. Es geht um ein ganzes System – um ein System, das über Jahrhunderte sehr viel Leid über die Menschen gebracht hat und wohl noch immer bringt. Ein System, über das der Kirchenexperte Karlheinz Deschner einst schrieb: *„Nach intensiver Beschäftigung mit der Geschichte des Christentums kenne ich in Antike, Mittelalter und Neuzeit, einschließlich und besonders des 20. Jahrhunderts, keine Organisation der Welt, die zugleich so lange, so fortgesetzt und so scheußlich mit Verbrechen belastet ist wie die … Kirche, ganz besonders die römisch-katholische Kirche."*

„Verleumdet und dann totgeschwiegen – wo bleibt die Entschuldigung?", so lautet das Thema.

Und am Ende bleibt die Frage: Weshalb müssen wir diese Mahnung überhaupt aussprechen? Wollen die Verantwortlichen in Kirche und Staat die Lehre des Christus Gottes überhaupt hören – geschweige denn sie annehmen?

Und dazu müssen wir leider feststellen: Wohl kaum werden die Angesprochenen diesen Schritt eines Schuldeingeständnisses jemals gehen. Denn die angesprochenen Elite-Versager wollen den Gott der Liebe, Güte und Sanftmut nicht. Sie wollen weiterhin dem Fall-Gedanken frönen, indem sie ihrem Vater der Lüge huldigen. Diese Welt-Zerstörer wollen weiterhin die Selbstverherrlichung in der Gewalt gegen wehrlose Nationen, gegen Völker, gegen Frauen und Kinder. Profit ist ihre Droge, Reichtum ihre angebliche Sicherheit, aber auch die brutale Macht über alles, was lebt. Sie wollen den irdischen vergänglichen Ruhm für ihre Untaten, für ihre angebliche Tapferkeit, die in Wirklichkeit Grausamkeit war und ist gegen jedes Leben. Männer ohne die drei Kindschaftseigenschaften

Güte, Liebe und Sanftmut betätigen sich meist wie Monster. Diese Welt mit ihren männlichen Führern in Wirtschaft, Wissenschaft und Religionen, in Militär, Gesellschaft und Politik ist in vieler Hinsicht das lebendige Beispiel dafür.

Die Handreichung Gottes, die auch ihren Seelen unendliches Leid erspart hätte, wollen diese chronischen Leidverursacher definitiv nicht. Sie glauben offenbar, noch auf irgendwelche Art und Weise dem Gesetz von Ursache und Wirkung entkommen zu können, doch sie täuschen sich erneut.

Jetzt schon durchschauen täglich Hunderttausende den infamen Etikettenschwindel der Organisationen und Funktionäre, die den Namen des Christus Gottes so schamlos missbrauchen. Und der Klimawandel wird allen ihren Träumen ein Ende bereiten. Denn was bleibt, ist das Gesetz von Ursache und Wirkung. Diesen epochemachenden Selbstverherrlichungs-Jüngern der Gegenwart wird der Klimawandel schon sehr bald das Ende ihrer Möglichkeiten aufzeigen. Und die Schlussfolgerung steht im

Raum: Für viele wäre es wohl besser, sie wären nicht geboren. Denn nach unzähligen Zeiten der Abtragung ihrer übergroßen Schuld, die sie sich aufgeladen haben durch die fortwährende Vergewaltigung allen Lebens über immer neue Inkarnationen hinweg, durch ihr Machtstreben, durch Kriegstreiberei, durch Manipulation und Ausplünderung von Völkern, durch den Raubbau an der Natur und den Tieren – nach all dem werden diese Herrscher die Jahrtausende ihrer Verbrecher-Inkarnationen, ob als Staatsmann oder als Religionsführer, einzugestehen und zu bereuen haben, denn ohne Reue keine Gnade. Das Leid und die Schmerzen ihrer Opfer werden sie an ihrem eigenen Seelenleib abzutragen haben.

Von Wiedergutmachung dieser unermesslichen Schuld ist noch gar nicht die Rede. Doch ihr System geht auf dieser Erde unweigerlich zu Ende. Die blinden Blindenführer werden ihre Macht verlieren. Denn in der Neu Zeit heißt es: Wir brauchen keine Mittler: Gott in uns und wir in Gott.

Die Verfolgung
der Prophetin Gottes und der Nachfolger
des Jesus von Nazareth

Die Geschichte der Grausamkeit
von Kirche und Staat

Eine kurze Zusammenfassung
des gleichnamigen, über 600-seitigen Buches

„Verleumdet und dann totgeschwiegen" – bei diesem Thema geht es um die Verfolgung des prophetischen Wortes. Was in unserer Zeit darunter zu verstehen ist, sei hier mit einigen wenigen Auszügen angedeutet – die wiederum, wie das Buch selbst, nur die Spitze eines Eisbergs widerspiegeln:

Seit 1975 empfängt Gabriele das Prophetische Gotteswort. Und schon bald scharten sich Menschen um sie, um es zu hören. In dieser Anfangszeit konnten sich die Christusfreunde noch weitgehend unbehelligt in öffentlichen

Versammlungsräumen treffen, um die Offenbarungen durch Gabriele zu vernehmen. In verschiedenen Städten des deutschsprachigen Raumes bildeten sich erste kleine Gruppen von Menschen heraus, die bereit waren, das Wort aus dem Reich Gottes zu verbreiten, zunächst noch auf vervielfältigten Blättern. Aus diesen bescheidenen Anfängen entstand das „Heimholungswerk Jesu Christi", das Lehr- und Aufklärungswerk der geistigen Welt.

Zunächst wurden die Aktivitäten des Heimholungswerks Jesu Christi von den Kirchenoberen nur argwöhnisch beobachtet. Die Zeit, in der man „Ketzer" durch die Inquisition dingfest machen und aburteilen konnte, war vorüber. Vielleicht hoffte man im Stillen, dass die neue Bewegung wieder verschwinden würde. Doch das Gegenteil war der Fall: Sie wuchs langsam, aber stetig.

Auch wenn die Religionsverwalter der Institutionen Kirche über Jahrhunderte das Gegenteil von dem lehrten und taten, was Jesus, der

Christus, lehrte und vorlebte, auch wenn die Blutspur der Talarträger durch die Geschichte nicht zu übersehen ist, ebenso wenig wie die Verfolgung der Gottesboten in allen Jahrhunderten, so machte Gott, der Ewige, den Priestern von heute trotz allem noch einmal ein großzügiges Gesprächsangebot.

Durch Gabriele übermittelte der Cherub der göttlichen Weisheit Ende 1979 Briefe an den Papst in Rom und an die Bischöfe beider Konfessionen des deutschsprachigen Raumes und bot ihnen an, mit Christus, dem Mitregenten der Himmel, vermittelt durch die Gottesprophetin Gabriele, ein Gespräch zu führen.

Als auch nach vielen Monaten keine Antwort der Talarträger eintraf, wandte sich der Cherub der göttlichen Weisheit in einer Offenbarung direkt an die Öffentlichkeit.

Er richtete sein Wort *„an die freie Christenheit und an alle, die sich aus einengenden Gemeinschaften von Christen befreien wollen. ... Der Geist Jesu Christi weht erneut außerhalb der Institutionen Kirche."*

Daraufhin begann eine beispiellose Verleumdungskampagne der Großkirchen gegen die Nachfolger des Jesus von Nazareth und insbesondere gegen Gabriele, die Prophetin und Wortträgerin Gottes, die sich über viele Jahre hinzog.

Man muss sich die Kräfteverhältnisse zwischen dem zahlenmäßig noch kleinen Christus-Gottes-Werk und den etablierten Kirchen mit Tausenden von Bischöfen, Priestern und Pfarrern vergegenwärtigen: Auf der einen Seite eine Handvoll Menschen, die mit öffentlichen Veranstaltungen in Erscheinung traten und selbst hergestellte sogenannte Klammerschriften und Handzettel auf der Straße verteilten – auf der anderen Seite zwei Großkirchen, die in jedem Dorf des Landes mit ihren steinernen Kirchenbauten präsent waren, mit Millionen Mitgliedern und einem milliardenschweren Kirchenvermögen, krisensicher gespeist auch aus dem deutschen Staatshaushalt.

Was bewog diese beiden mächtigen Organisationen Katholisch und Evangelisch dazu, gegen eine so kleine Gruppe von Menschen mit niederträchtigen Verleumdungen vorzugehen?

Eine Erklärung dafür findet sich in einem Wort des Christus-Gottes-Geistes aus dem großen Offenbarungswerk „Das ist Mein Wort. Alpha und Omega". Christus offenbarte:

„Der Finsterling kennt die Botschaft und die Abstammung aller großen Propheten und Erleuchteten und weiß auch, wessen Blut in ihren Adern fließt. In allen großen Propheten und Erleuchteten – von Abraham über Moses, Daniel, Jesaja, bis hin zur großen Lehrprophetin Gottes heute – wirkt dieselbe Kraft: Gottes Ur-Sein, das Licht aus dem Heiligtum Gottes.

Viele Männer und Frauen, so auch Ich als Jesus von Nazareth, kamen und kommen – dem Fleische nach – aus dem Geschlechte David. Dieses Christus-David-Geschlecht hat im Heiligtum Gottes seine Wurzeln und in Mir, dem Christus Gottes, seinen geistigen Auftrag, nämlich: mit Mir alles zu befreien, was gebunden ist.

Ein Echtheitszeichen eines wahren, großen Propheten ist, dass er mit den Mitteln und Metho-

den, die der jeweiligen Zeitepoche zur Verfügung stehen, verfolgt, verleumdet, missachtet, verhöhnt und verspottet wird." (S. 381 f.)

Diese Feindschaft der Priester gegen die Propheten bekam nun Gabriele gleich zu Beginn ihres öffentlichen Wirkens zu spüren. Es begann mit Telefonterror: Tag und Nacht erfolgten Schmäh- und Drohanrufe. Diese Anrufe wurden zur andauernden Belastung; noch nachts um 2 Uhr wurden Drohungen, Verfluchungen und Verwünschungen ausgesprochen.

Ein erster großer öffentlicher Angriff erfolgte dann am 20.6.1982 durch einen Artikel im *Katholischen Sonntagsblatt Würzburg* mit der Überschrift: *„Für Schäden keine Haftung!"*

Franz Graf von Magnis, ein journalistisch tätiger katholischer Adeliger, nahm hier als der erste „Sektenbeauftragte" des katholischen Bischofs von Würzburg, Paul-Werner Scheele, seine „Arbeit" auf.

In diesem Artikel hieß es, dass die Prophetin Gottes „... *von einem der Allgemeinheit unsicht-*

baren ‚Geist' dirigiert wird, der sich als ‚Weisheits-Cherub vor dem Throne Gottes' ausgibt, Gott aber nicht von Ferne gesehen haben kann – wie könnte er* [gemeint ist Bruder Emanuel] sonst Lügen verbreiten, die im Vergleich mit der Bibel nachweisbar sind."*

So weit die Kirchenzeitung. Wer die Geschichte der Bibelfälschung kennt, weiß, wer sich in diesem Vergleich als Lügner entlarvt, nämlich der Vater von unten.

Doch die Schmähung des Cherubs der göttlichen Weisheit geht noch weiter. Es heißt: *„Wie … könnte er Hass säen, indem er eine abscheuliche Kirchengeschichte aufrollt und veröffentlichen lässt …"*

Die Talarträger geben also selber zu, dass ihre eigene Kirchengeschichte abscheulich ist. Hier zeigt sich die Strategie der Kirche: Wer es wagt, die Wahrheit über die Talarträger zu sagen und an die Öffentlichkeit zu bringen, der wird von ihnen mit Rufmord und Verleumdung überzogen.

In einem weiteren Sonntagsblatt-Artikel vom 3.10.1982 heißt es: *„Die größte Lüge des Heimholungswerks Jesu Christi ist die Behauptung, Jesus sei der natürliche Sohn von Joseph und Maria."*

Eine Tatsache, die für viele Menschen selbstverständlich ist, wird von der katholischen Kirche als „größte Lüge" bezeichnet, weil sie ihrem Dogma einer angeblichen Jungfrauengeburt widerspricht, und Gabriele wird dafür öffentlich an den Pranger gestellt.

In der katholischen Kirchenzeitung wurde auch in der Folgezeit ständig gegen Gabriele gehetzt. Mit Worten aus der Kirchenbibel richten die Talarträger einen Aufruf an die Leser:

„Zieht die Rüstung Gottes an, denn wir haben nicht gegen Menschen aus Fleisch und Blut zu kämpfen, sondern gegen die Fürsten und Gewalten, gegen die Beherrscher dieser finsteren Welt, gegen die bösen Geister des himmlischen Bereichs." (Eph 6, 10-12)

Die Blutspur der Kirchen durch die Geschichte zeigt deutlich auf, wo in Wahrheit die *„Beherrscher dieser finsteren Welt"* thronen.

Im Oktober 1982 erscheint auch die Veröffentlichung einer Institution, die sich „Das große Zeichen. Die Frau Aller Völker" nennt, über das Heimholungswerk Jesu Christi.

Diese Arbeitsgemeinschaft wird von dem erwähnten katholischen Adeligen geleitet. Unter anderem heißt es darin herablassend, dass *„es barmherziger erscheint, mit den Persönlichkeiten des Heimholungswerkes vorerst in seelsorgerlichem Briefkontakt zu stehen ..."*

Diese „Seelsorge" sah dann so aus, dass Gabriele jeden Freitagabend in ihrem Briefkasten eine neue katholische Schmähschrift vorfand. Die angebliche „Barmherzigkeit" drückte sich darin aus, dass diese Schmähschriften mit den übelsten Herabwürdigungen Gabrieles überall an Bushaltestellen verteilt wurden.

Hier zeigt sich die Handschrift der Inquisition, denn die kirchliche Tradition bezeichnete die Inquisition schon immer als „Seelsorge". Unter Talarträgern mag solches Tradition sein, aber wie würde es Ihnen, werter Leser, ergehen, wenn Sie als unbescholtener Bürger auf solch unflätige und hinterhältige Weise angegriffen würden?

In dem erwähnten katholischen Sonntagsblatt vom 3.10.1982 warnen die Talarträger vor dem christlich-mystischen Pfad mit den Worten: *„Die echten Mystiker warnen, warnen, warnen und fordern dazu auf, sich der Amtsautorität der Kirche anzuvertrauen.“*

Diese Aussage entlarvt sich selbst, denn wer die Lehren der echten Mystiker und des Jesus von Nazareth kennt, der weiß, dass kirchliche Amtsautorität und wahre Mystik unvereinbare Gegensätze sind.

In einer Pressemitteilung von Anfang 1984 behauptet der damalige Hauptakteur in der Verfolgung von Gabriele, Graf Magnis, die Prophetin verbreite eine *„totalitäre spiritistische Lehre“*; er spricht von einem *„gefährlichen tiefenpsychologischen Phänomen“* sowie von der *„Forderung nach totaler Unterwerfung der Anhänger“.*

Dies ist eine besonders schmutzige und bos-
hafte Verleumdung eines Menschen, der sein
ganzes Leben ausschließlich in den Dienst
Gottes, des Freien Geistes, und Seines Sohnes
Christus, des großen Friedens- und Freiheits-
lehrers, gestellt hat. Wer die tatsächliche Forderung nach totaler Unterwerfung schwarz auf
weiß lesen möchte, kann dies in den Dogmen
der katholischen Kirche ausgiebig tun.

In einer weiteren katholischen Schrift ist im
Juli 1984 zu lesen: *„Das in Würzburg beheima-
tete Heimholungswerk Jesu Christi sieht* [ein]
*Münchner Pfarrer … im übrigen als eine ‚spiri-
tualistische Sekte mit einer Pseudoprophetin an
der Spitze, die den Menschen voll vereinnahme‘.“*
Von wem spricht der Talarträger? Gabriele ist
die Prophetin und Botschafterin Gottes in dieser Zeit. Wer es fassen kann, der fasse es; wer es
lassen möchte, der lasse es.
Wer aber mit Lügen und Schmähungen gegen die Gottesprophetin vorgeht, gibt selbst
Zeugnis davon, dass er es ist, der in den Fuß-

spuren derer wandelt, zu denen Jesus von Nazareth sagte: *„Ihr habt den Teufel zum Vater. Er war ein Lügner und ein Mörder von Anfang an."*

Die Arbeitsweise der Talar-Demagogen wird auch in den schlagwortartigen Überschriften einer Broschüre deutlich, die am 2. Februar 1985 veröffentlicht wurde. Die verleumderischen Suggestionen, die in dieser Broschüre ständig wiederholt werden, kommen in folgenden Überschriften zum Ausdruck: *„Eine gefährliche Sekte"*, *„Eine dämonische Lehre"*, *„Lebensgefährliche Ernährungslehre"* und Ähnliches.

Auch hier wieder: Unwahrheiten und Diffamierungen, mit denen verhindert werden sollte, dass Menschen das Wort des Christus Gottes durch Seine Prophetin selbst hören und lesen und für sich frei entscheiden, ob sie es annehmen möchten oder nicht. Die Kirchengläubigen sollten nicht die Wahrheit erfahren:

Gott, der Ewige, ist der Freie Geist – Gott in uns –, der weder Steinhäuser noch Konfessionen noch Religionen, Dogmen oder Priester braucht, denn Er ist in uns, tief im Seelengrund. Er ist die Liebe, unser aller Vater, der alle Seine Kinder gleich liebt und kein einziges je in eine ewige Verdammnis schicken würde. Durch die Erlösertat des Jesus, des Christus, ist gewährleistet, dass keine Seele verloren geht – Christus wird einst jede Seele nach Hause führen, zurück zu Gott.

Das ist, in Kürze, die Botschaft aus dem Reich Gottes, die Graf Magnis als „dämonisch" bezeichnete!

Im Anschluss wurde von der Tagespresse auch die unerhörte Lüge verbreitet, am Ernährungskonzept des Heimholungswerks seien schon einige Menschen gestorben, nachdem das Heimholungswerk deren Vermögen kassiert habe. Selbstverständlich ist kein Wort davon wahr, sondern es ist Lüge, übelste Verleumdung und Rufmord. Doch an diesem Beispiel lässt sich besonders eindrucksvoll aufzeigen, wie hinterhältig der moderne Inquisitor, der „Sektenbeauftragte" des Würzburger Bischofs, vorging, um Gabriele und die urchristliche Lehre zu verunglimpfen.

Durch Gabriele lehrt der Gottesgeist die Achtung vor der Schöpfung Gottes und somit eine vegetarische Lebensweise. Dagegen ging der kirchliche Demagoge, der übrigens ein leidenschaftlicher Großwildjäger war, folgendermaßen vor: Er beauftragte einen Ernährungswissenschaftler mit der Erstellung eines Gutachtens über die vegetarische Ernährungsweise der Nachfolger des Jesus von Nazareth.

Dazu lieferte er dem Wissenschaftler zur Stützung seiner verleumderischen These der Gefährlichkeit bewusst falsche Informationen über angebliche Aussagen des Christus-Gottes-Geistes durch Seine Prophetin Gabriele. Der Gutachter ging dem Kirchenmann auf den Leim und verfasste das verlangte Gutachten im Sinne der Kirche.

Nachdem der Wissenschaftler über die wahren Sachverhalte aufgeklärt worden war, erkannte er, dass er hintergangen worden war und widerrief sein Gutachten. Doch die Verleumdung war in der Welt und wurde von willfährigen Journalisten hemmungslos weiterverbreitet, um damit das Wort Gottes durch die Prophetin Gottes, Gabriele, zu verunglimpfen.

Solche Vorgehensweise der modernen Inquisition charakterisierte der bekannte katholische Theologe Hans Küng in der Zeitung *Die Zeit* vom 4.10.1985 mit den Worten: *„Verbrannt wird niemand mehr, aber psychisch und beruflich vernichtet, wo immer notwendig."*

Das sind die Institutionen Kirche. So waren sie, so sind sie, die Talarträger, bis heute.

Als Folge der jahrelangen Hetze gegen Gabriele wurde sie auch von kirchlich instruierten Kamerateams auf Schritt und Tritt verfolgt. Das ging so weit, dass die Kamerateams das Haus von Gabriele stundenlang belagerten und sogar mithilfe von Teleskopstangen durch die Fenster in die Wohnräume Gabrieles filmten, so dass sich Gabriele im eigenen Haus aus den einsehbaren Zimmern zurückziehen musste, um nicht den üblen Attacken der Talarträger und ihrer willfährigen Helfershelfer mit ihrer Medienmacht ausgesetzt zu sein.

In dieser Zeit war die Medienmacht der Kirche so erdrückend, dass eine neutrale Berichterstattung in der Presse kaum möglich und auch nicht vor Gericht zu erwirken war.

Den unablässigen kirchlichen Angriffen und öffentlichen Verleumdungen hielt ein Teil der Familie Gabrieles nicht stand. Die Verwandtschaft wandte sich von ihr ab, um nicht unter den Kirchenbann zu fallen und in ihren Wohnorten der Ausgrenzung und Verfolgung durch die Priesterkaste ausgesetzt zu sein. Die „Sektenbeauftragten" schnüffelten sogar im Kirchenregister der Geburtsstadt der Prophetin Gottes herum, ob dort nicht etwas zu finden sei, mit dem man die Prophetin Gottes diskreditieren könnte. Sie fanden nichts, doch die infamen Verleumdungen gingen weiter.

Das sind die Institutionen Kirche. So waren sie, so sind sie bis heute, die Talarträger.

Die Verleumder wurden wiederholt aufgefordert, *„in der Öffentlichkeit zu beweisen"*, dass ihre Behauptungen über das Heimholungswerk Jesu Christi der Wahrheit entsprechen, und sich gemeinsam in München einer neutralen Presse zu stellen. Darauf sind die Demagogen nie eingegangen. Warum wohl?

Stattdessen nahmen sie für ihre Hetze weitere Akteure an Bord, wie einen Vertreter der lutherischen Inquisition, der den Pfarrerstitel trug: Friedrich Wilhelm Haack. Er bezeichnete sich als „Sektenexperte" und war in der Tat Experte einer Demagogie, die an die dunklen Zeiten der Inquisition erinnert. Seine reißerischen Aussagen wurden von verschiedenen Zeitungen aufgegriffen und verbreitet, vor allem von der katholisch infiltrierten *Main-Post* in Unterfranken.

Ab 1985 erweiterten die Inquisitoren ihre Verleumdungskampagnen in den überregionalen Bereich. Die Nachfolger des Jesus von Nazareth hatten nämlich angekündigt, auf dem

Heuchelhof, einem Stadtteil von Würzburg, mehrere Handwerksbetriebe aufzubauen, in denen sie nach der Bergpredigt leben und arbeiten wollten. Das galt es aus Sicht der Kirchen-Konglomerate zu verhindern – und sie machten daher ihren Einfluss auf die Massenmedien und auf die Politik geltend. Es erschienen die ersten Artikel in der Boulevardpresse. Diese nahm die stereotypen kirchlichen sogenannten Meinungslügen begierig auf und veröffentlichte sie als reißerische Hetzkampagnen im Sinne der Talarträger. Am Ende knickte auch die Politik ein und verhinderte das Projekt.

Die Unwahrheiten, die die Talarträger selbst in die Welt gesetzt hatten, verkauften sie in der Folgezeit unter Berufung auf die von ihnen selbst lancierte Propaganda so, dass beim gutgläubigen Leser der Eindruck entstand, es handele sich um Tatsachen. Die Unwahrheits-Beauftragten zitierten nämlich einfach Aussagen „der Presse", wobei sie sich in Wirklichkeit aber selber zitierten – Heuchelei in Reinkultur!

Manch ein Hetzer im Talar verheimlichte keineswegs, an welche Tradition er anknüpfte. In einem Brief bekannte Pfarrer Haack:

„Wenn Sie bei mir auf Inquisition tippen, liegen Sie natürlich richtig. Sehen Sie, auch die Inquisition ist moderner geworden und hält sich auch an die Grundsätze der fairen Berichterstattung. Nur sind ja so oft die unterschiedlichsten Ansichten im Umlauf, was denn nun fair und was denn unfair sei."

Und Nachfolgern des Jesus von Nazareth rief derselbe Talarträger einmal zu: *„Im Mittelalter wären wir ganz anders mit euch umgesprungen!"*

Sein Credo verfasste er auch schriftlich. Er hielt nichts von Glaubensfreiheit und Toleranz, was er ungeniert bekannte: *„Verstehen wir unseren Glauben richtig, dann haben wir kein Recht, den anderen in seinem Glauben zu lassen."*

Landauf, landab, regional und bundesweit wurden die kirchlich lancierten Meinungslügen über Gabriele veröffentlicht und die Lehre des Christus-Gottes-Geistes verunglimpft.

Wie fühlt sich ein Mensch, der die Gottes- und Nächstenliebe lebt und die Freiheit in Gott lehrt, über den ständig derartige Lügen verbreitet werden?

Die Talarträger zogen mit ihren Lügengeschichten auch persönlich über die Lande und wiegelten die Bevölkerung in Vorträgen gegen ihre Mitbürger auf. Der lutherische „Sektenbeauftragte" Wolfgang Behnk etwa riss dabei Aussagen aus den Büchern Gabrieles völlig aus dem Zusammenhang, warf sie mit einem Overhead-Projektor an die Wand und verdrehte sie dabei nach Belieben, so dass sie zu seinen hinterlistigen Verleumdungs-Narrativen passten.

Sein Vorgänger, der erwähnte Friedrich-Wilhelm Haack, spielte sein demagogisches Talent noch direkter aus. Bei einem seiner Vorträge trat er im Januar 1988 im Veranstaltungssaal eines Dorfes in Unterfranken vor die extra mobilisierte anwesende Dorfbevölkerung, um gegen die Prophetin Gottes, Gabriele, und die Nach-

folger des Jesus von Nazareth einen volksauf-
hetzenden Vortrag zu halten. Anlass war, dass
einige Urchristen in diesem Ort Grundstücke
besaßen, auf denen sie, so wie andere deutsche
Bürger, ihre Häuser bauen wollten.

„*Der Sozial- und Rechtsstaat ist in Gefahr*",
behauptete der Pfarrer. Man habe es mit einer
„*besonderen Spezies von Menschen*" zu tun, die
ein sehr „*seelsorgeintensives Potenzial*", „*aber
trotzdem ein sehr radikalisierbares Potenzial
darstellen*", die erst einmal „*seelisch gesunden*"
müssten.

Er bezeichnete die Urchristen als Menschen
mit „*eher geringen moralischen Qualitäten*", bei
denen es „*vor Aggressivität nur so wabert*".

Als würde er sich selbst beschreiben, sprach
er von den Urchristen als Menschen, bei denen
man einen „*Höchstpegel an Aggressivität und
Beschimpfung anderer*" erleben würde, „*bissig,
aggressiv und böswillig*", „*die ihre Aggressionen
potenzieren, wenn sie sich in Gruppen zusam-
menschließen*", Menschen, die „*anderen ständig
vors Schienbein treten*", eine Gruppe, „*die ganz

sicher nicht zum Heil ist" – und diese Gruppe von Menschen will also „in den Ort einbrechen".

Der Luther-Pfarrer hetzte weiter: „*Rechnen Sie damit, dass Sie hier ... vielleicht ein stellvertretendes Leid für unser ganzes Volk mitmachen. ... Sie müssen keine Achtung vor denen haben .... Es gibt kein Gebot zur Liebe und Freundschaft und zum Hegen und Pflegen dessen, der mir ans Schienbein treten will.*" „*Man muss mit ihnen nichts zu tun haben.*"

Dies war nur ein kleiner Auszug aus dem verbalen Unrat, den dieser und viele weitere dazu von Kirchen instruierte „Experten" im Laufe der Jahre verbreitet haben.

Die Rhetorik solcher Demagogen blieb natürlich nicht ohne Folgen. Nach dem Auftritt des Pfarrers schrien die aufgepeitschten Zuhörer den anwesenden Urchristen entgegen: „*An die Wand sollte man sie stellen!*" oder „*Aufhängen sollte man euch!*" Eine ältere Frau spuckte vor einigen schweigend dastehenden Christusfreunden verächtlich aus, und jemand schrie: „*Heil Hitler!*" All dies ist dokumentiert.

Der Bürgermeister des Ortes, der CSU-Politiker Waldemar Zorn, stieß später ins gleiche Horn. Er bezeichnete die Urchristen als „tödliche Gefahr" und verhinderte mit dubiosen Mitteln die Erschließung eines gesamten Wohnbaugebiets. Dass er bei seiner Agitation im kirchlichen Sinne regelmäßig gegen die weltanschauliche Neutralität verstieß, zu der er als Bürgermeister verpflichtet gewesen wäre, kümmerte ihn nicht im Geringsten, im Gegenteil: Er hielt seinerseits auch noch Vorträge in ganz Bayern, um Stimmung gegen die Urchristen zu machen.

Dies wurde belohnt. Der Bürgermeister machte später Karriere, wurde Landrat und erhielt für seine „herausragenden Dienste" um die katholische Kirche den päpstlichen Silvester-Orden. Die Pressestelle des Würzburger Bischofs schrieb darüber: *„Der Bischof würdigte die Auseinandersetzungen, die der Landrat in seiner Zeit als Bürgermeister mit dem Universellen Leben geführt hat. ‚Auch als Landrat haben Sie Ihre katholischen Wurzeln nicht verhehlt, sondern* *deutlich gemacht, dass Ihr politisches Handeln sich an der katholischen Soziallehre orientiert.'"*

Ist das die praktizierte katholische Soziallehre? Hetze und Hasspredigten bis hin zur Vertreibung Andersgläubiger, Rechtsbruch und Rufmord?

All das spielte sich immer wieder im Lebensumfeld der Prophetin Gottes ab. Gabriele stand wehrlos am Pranger der Medien und musste jede Verleumdung tragen, ohne dass damals die Möglichkeit gegeben war, die boshaften Verleumdungen richtigstellen zu können, denn die Medien standen großteils unter direktem oder indirektem Kircheneinfluss.

Dafür sorgte und sorgt auch die Anwesenheit von Kirchenfunktionären in allen großen Redaktionen und Medienanstalten. Bei diesen gingen die klerikalen „Experten" ein und aus. Sie nutzten den Einfluss ihrer Kirchen, um immer wieder neue Lügen, Verdächtigungen, meist in Form von sogenannten „Warnungen" zu verbreiten, nicht nur in der Presse, sondern vermehrt bundesweit über Fernsehstationen. Hier war es wiederum Pfarrer Wolfgang Behnk, der dafür sorgte, dass in allen möglichen Talkshows und Magazin-Sendungen seine Lügenmeinungen von wechselnden Gesinnungsdarstellern zur Geltung kamen – so etwa im Vorfeld des Jahres 2000, als die Nachfolger des Jesus von Nazareth immer wieder als „Endzeitjünger" oder „-apostel" verhöhnt wurden.

Das Muster der Amtskirchen, das der katholische Theologe Hans Küng, wie erwähnt, mit den Worten beschrieben hatte *„Verbrannt wird niemand mehr, aber psychisch und beruflich vernichtet, wo immer notwendig",* wurde immer mehr sichtbar.

Es war unverkennbar, dass es darum ging, die Prophetin Gottes derart zu diffamieren, dass sie und das durch sie gegründete Christus-Gottes-Werk in seiner Existenz bedroht werden. So wurden zum Beispiel auch die Läden und Marktstände, in denen Christusfreunde vegan-vegetarische Lebensmittel aus Friedfertigem

Anbau verkauften, immer wieder zur bevorzugten Zielscheibe örtlicher Talarträger, Journalisten und Lokalpolitiker.

Im April 1993 verbreitete der *Evangelische Pressedienst* über die Nachfolger des Jesus von Nazareth folgende Meldung:

„Ein Massenselbstmord wie der von Anhängern der Davidianer-Sekte im texanischen Waco ist nach Ansicht des Münchener Sektenbeauftragten Wolfgang Behnk auch in Deutschland möglich. … Wenn die Ideologie der Sekte von Endzeiterwartungen durchdrungen sei, und eine psychische Abhängigkeit zu einer Führergestalt bestehe, sei die Möglichkeit eines Massensuizids gegeben, sobald sich der Sektenführer in einer ausweglosen Situation sehe, so der Sektenbeauftragte. ‚Wenn Selbstmord als letzte Konsequenz gefordert wird, dann folgen alle wie die Lemminge kritiklos seinem Kommando.'"

Aufgrund dieser reißerischen Hetze suchten Zeitungs- und Fernsehreporter aus dem gesamten Bundesgebiet – zum Teil mit Hubschrauber im Tiefflug – ein Anwesen der Urchristen auf, in dem sie auch die Prophetin Gottes, Gabriele, vermuteten.

Was bedeutet dies für die Betroffenen? Ihre Verwandten und Freunde wenden sich von ihnen ab, Familien brechen auseinander. Sie werden von den Medien auf Schritt und Tritt belagert, sie werden ausgegrenzt und geächtet, ihre Kinder werden als „Sektenschweine" beschimpft – und das wegen der üblen Verleumdungen von Talarträgern, die sich „christlich" nennen. Dem allem waren Gabriele und die Urchristen, Nachfolger des Jesus von Nazareth, ausgesetzt.

Für ihre Kampagnen ließen die Amtskirchen vor allem auch ihre Kontakte in die Politik spielen. Sie erreichten, dass in zahlreichen deutschen Bundesländern sogenannte „Sektenberichte" veröffentlicht wurden, in denen unter ausführlicher Verwendung kirchlicher Meinungslügen unter anderem auch vor dem Universellen

Leben „gewarnt" wurde. Und die Kirchen sicherten sich von Anfang an auch die Unterstützung von Journalisten aus den Medienhäusern, die von ihnen abhängig oder ihnen hörig sind. Insbesondere regionale Zeitungen boten den Inquisitoren ein willkommenes Forum. Ein Lokaljournalist etwa, Tilman Toepfer von der *Main-Post*, bot haupt- und nebenberuflichen Rufmördern jeder Konfession in mehr als 200 Veröffentlichungen Gelegenheit, ihr diabolisches Geschäft zu betreiben. Der Journalist begnügte sich nicht damit, die Anwürfe der Inquisitoren wortgetreu zu verbreiten, sondern er fand auch immer wieder Neues, mit dem er Urchristen und besonders Gabriele mit erfundenem Unrat bewarf.

Wie fühlt sich ein Mensch, wenn er jahrzehntelang übelste Schmähungen und Verleumdungen über sich ergehen lassen muss – als Mensch, der niemandem etwas Übles getan hat, ganz im Gegenteil: der unablässig für den Christus Gottes einsteht und den Menschen in allen Völkern zuruft: Geht den Weg der Bergpredigt, lebt die Gottes- und Nächstenliebe? Wie fühlt sich unter all diesen Anwürfen ein Mensch, der sich unermüdlich für die Natur und die Tiere einsetzt und der trotz aller Widerwärtigkeiten ein weltweites Werk und ein einmaliges Land des Friedens aufgebaut hat, das heute für viele Menschen weltweit die Hoffnung der Erde ist?

So wie heute mit Gabriele, der Prophetin und Botschafterin Gottes, haben es die Talarträger immer gemacht. Mit den Gottespropheten in früherer Zeit sind sie noch viel schlimmer umgegangen, bis hin zu Folter und Mord, wie auch mit Jesus von Nazareth, dem Mitregenten des Reiches Gottes, dem Friedefürsten.

Die Geschichte der Propheten beweist: Seit Menschengedenken kämpft die Priesterkaste aller Religionen gegen die Wortträger Gottes, die wahren Gottespropheten.

Alle wahren Gottespropheten wurden durch die jeweils herrschende Priesterkaste verleumdet, beschimpft, verfolgt und die meisten sogar getötet. Sogar die Bibel gibt Zeugnis davon. Damals Mord – heute Rufmord.

Die Scheiterhaufen der Inquisition brennen heute zwar nicht mehr, da dies der Rechtsstaat verhindert. Doch an ihre Stelle sind die modernen Massenmedien getreten, mit deren Hilfe geistige Brandstifter im Pfarrertalar gegen unbescholtene Mitbürger fast nach Belieben hetzen können.

Bis zum heutigen Tag wird erfunden und gelogen. Bis zum heutigen Tag wirkt die giftige Saat, die Ausgrenzung, Diskriminierung, Verleumdung und der Rufmord fort.

Doch heute ist der Beweis erbracht, und immer mehr gutwillige Menschen erkennen: Alle Verleumder hatten Unrecht. Bis zum heutigen Tag hat sich allerdings keiner der Talarträger, weder katholisch noch lutherisch, bei Gabriele entschuldigt. Aber sie hält beide Wangen hin. Denn sie weiß, wer sie sind.

Gabriele, die Prophetin und Botschafterin Gottes, stand all diese Angriffe, den Rufmord und weitere boshafteste Anwürfe bis heute durch, in festem Gottvertrauen und weil sie wusste: Das Wort der Wahrheit, das durch sie gegeben wird, stammt aus dem Zentrum des Seins, aus dem Heiligtum Gott-Vaters, dessen Dienerin sie voller Demut bis heute ist.

Die Verfolgung der Prophetin Gottes und der Nachfolger des Jesus von Nazareth

Die Geschichte der Grausamkeit von Kirche und Staat

Die Priestermänner fürchten um ihre Macht über die Menschen und um ihre Titel und Mittel und hetzen deshalb gegen die Lehrprophetin und Botschafterin Gottes, Gabriele, durch die Gott, der All-Eine, Sein Ewiges Wort verkündet: das Wort der Liebe, der Freiheit, Einheit und Friedfertigkeit – Gott in uns, ohne Religion, ohne Priester, ohne Hochgestellte, ohne Zeremonien, ohne Riten und Kulthandlungen.

Das Mittelalter ist nicht vergangen, das wird in diesem Buch deutlich. Die Inquisition des Mittelalters hat sich lediglich ein „moderneres" Gewand zugelegt. Heute bekämpfen die Talarträger das prophetische Wort mit den Mitteln dieser Zeit – Ausgrenzung, Diskriminierung, Lächerlichmachung und Rufmord. Und gerade in Sachen Rufschädigung kennt die moderne Inquisition keine Skrupel.

In diesem Buch wird anhand von Fakten dokumentiert, wie massiv und mit welcher Heimtücke und Gehässigkeit die Amtskirchen im Verbund mit dem Staat gegen die Prophetin Gottes, Gabriele, und gegen das Ewige Wort aus dem Reich Gottes vorgingen – vierzig Jahre lang Verfolgung über Verfolgung.

648 S., geb., ISBN 978-3-89201-950-3

Gerne übersenden wir Ihnen
unser aktuelles Buchverzeichnis
sowie Gratis-Leseproben zu vielen Themen

Gabriele-Verlag Das Wort
Max-Braun-Str. 2, 97828 Marktheidenfeld
Tel. 0049 (0)9391/504-135, Fax 504-133

www.gabriele-verlag.com